★誰にでもできるモーター、コメント評価で波乱を読み解く

ボートレース 高配当の狙い方

桧村　賢一

JN241095

はしがき

　ボートレースチケットショップ市原（ボートピア市原）で「ボートレース教室」をやっている関係で、いろいろな人に話しかけられます。毎日のようにボートピアに通っている人は、レースを観る機会が多いこともあって、こちらが情報を教えてもらうほどです。中にはストレートに「何を買えば良い？」と聞いてくる人もいます。

　一番困るのは「絶対に当たるのを教えて！」です。簡単に分かれば苦労しません。堅いところは教えられても、「絶対に当たる」はありません。経験を積めば積むほど、ボートレースは配当を出すための競技ということが理解できるようになるからです。

　ある時、スーツを着た年配の方が来場しました。「本命はいいから、穴を教えて」と言ってきました。上位三者のレースだったので、ボックスで買うことを勧めました。1号艇で1コースに入っている選手が逃げれば本命決着でしたが、展開が味方して、人気薄の選手が差して抜け出しました。ボックスの高目で決まりました。

　一度高配当を取ると、もう一度という気持ちになるものです。それから度々ボートピアを訪れるようになり、来れば「何か良いところを教えてよ」と声をかけてきました。アドバイスをすると、そのレースだけを買って帰るのです。もちろん比較的堅いところも買っているようで、穴も本命も準備していたようです。多点買いになるので、的中する確率は上がります。ボートピアにちょっと立ち寄って舟券を買う程度なので、外れたとしても大きく傷つくことはありません。

　これで思いついたのが、「1日何レースかに絞って、高配当を狙ったら上手く行くのではないか？」です。マンスリーBOAT RACEのX（旧Twitter）で『コレdoyo』コーナーを始めたきっかけです。毎日アップしており、もう4年になります。

　年間の回収率は100％を超えていないものの、毎年やり方を少しずつ変えているので、回収率は確実に100％に近づいています。月別の収支では、プラスになったことが何回かあります。その手法を紹介したのが、この本です。ビギナーでも簡単に高配当を取れる方法を紹介しています。

これまで、舟券を買うなら専門紙のデータを見ろ、スポーツ新聞のインタビューやモーター評価に目を通せ、展示航走など直前のモーターの動きをチェックしろ、と言ってきました。本格的に舟券を買うなら、そうした手間は必要です。特に本命勝負で、大きな金額で舟券を買う人は、アドバイスをしてくれる人はもちろん、ボートレース専門紙が必要です。見落としが舟券作戦でいちばんの敵だからです。仕事に近いかたちでボートレースに熱中するように勧めてきました。これは間違っていません。

　しかし、日頃ボート以外の仕事をしている人が、仕事に近いところまでボートに力を入れることができるでしょうか。ほとんどの人は「無理」です。

　そこで思いついたのが、ボートレースを仕事にしている人をうまく活用する方法です。『コレdoyo』は、毎朝アップしています。レース場を選び、レースを選ぶ作業ですが、そのプロセスはボートレースを仕事にしている人に乗っかっているというのが正直なところです。専門紙やスポーツ新聞の記者がその中に入ります。その人たちが力を入れているポイントは何かです。それさえわかれば、簡単にキャリア何十年の記者に近いレベルに達することができます。

　この本では高配当に焦点を当てていますが、視点を変えるだけで本命勝負のできるレースも簡単にわかるようになります。本命党なら、本命勝負のできるレースだけを選んで舟券を買ってください。これもボートレースを仕事にしている人をうまく活用する方法です。

　自省を込めて言うと、舟券が外れるのは、外れるような買い方をしているからです。レースはいろいろな顔を持って出てきます。その顔に合わせた買い方をしていないから外れるのです。

　本命レースで収まるには、収まるだけの条件が必要です。高配当が飛び出すには、「人気選手が負ける」という条件が必要です。その条件を、ボートレースを仕事にしている人たちを活用して見つける方法を紹介したのが、この本です。ボートレースを仕事にしている人たち、中でもボートレースの記者さんに感謝です。

２０２４年１０月　桧村　賢一

■ 目　次 「ボートレース高配当の狙い方」

chapter 3

高配当を獲るための理論　101

chapter 4

高配当ゲットに役立つ
ボートレース格言・データ

高配当は狙って
獲れる！

chapter 1

3連単の万穴券は
年間9408本も出た

第51回ボートレースオールスター
優勝者　定松　勇樹（佐賀）

51st ボートレースオールスター
BOATRACE ALL STARS
2024.5.26
BOAT RACE 多摩川

 chapter 1-1　万穴出現回数データ

■2023年レース場別3連単万穴データ

レース場	レース数	万穴本数（5万円超）	万穴出現率
桐　生	2,225	412 本（45 本）	18.5%
戸　田	2,351	468 本（24 本）	19.9%
江戸川	2,155	399 本（29 本）	18.5%
平和島	2,183	457 本（30 本）	20.9%
多摩川	2,350	409 本（53 本）	17.4%
浜名湖	2,364	437 本（55 本）	18.5%
蒲　郡	2,495	384 本（45 本）	15.4%
常　滑	2,425	408 本（55 本）	16.8%
津	1,876	289 本（32 本）	15.4%
三　国	2,112	382 本（37 本）	18.1%
びわこ	2,169	339 本（48 本）	15.6%
住之江	2,423	397 本（53 本）	16.4%
尼　崎	2,111	311 本（49 本）	14.7%
鳴　門	2,321	469 本（44 本）	20.2%
丸　亀	1,949	307 本（46 本）	15.8%
児　島	2,400	453 本（49 本）	18.9%
宮　島	2,450	362 本（50 本）	14.8%
徳　山	2,679	357 本（61 本）	13.3%
下　関	2,353	378 本（51 本）	16.1%
若　松	2,445	449 本（55 本）	18.4%
芦　屋	2,418	450 本（68 本）	18.6%
福　岡	2,424	370 本（40 本）	15.3%
唐　津	2,323	371 本（51 本）	16.0%
大　村	2,383	350 本（51 本）	14.7%
合　計		9,408 本（1,061 本）	

「穴」は、競馬から来た用語のようですが、その語源を調べてみると、「一般に知られていない有効なところ」「金や砂金を掘ったところ」など、諸説あります。高配当の総称のようなものとして一般化している言葉です。

　ボートレースで、払戻金（配当）が１０，０００円を超えると「万穴」「万舟（マンシュー）」と呼んでいます。

　２０２３年に全国のレース場で、どのくらい万穴が出たかを調べてみました。全国で１年間に９４０８本も３連単の万穴が出ました。１日平均にすると２５.８本です。これだけ出ていると、特別に珍しい事ではありません。うまく舟券を買えば、誰でも万穴に巡り合うチャンスがあるということです。

　万穴出現率が２０％を超えているレース場は、平和島と鳴門です。１コースの弱いレース場です。１コースの強いレース場の方が万穴出現率は低いのですが、それでも１０％を切ることはありません。１２レースの中で、平均して２本から３本の万穴が出るわけです。

　３連単がスタートしたのは、２０００年１０月１３日の住之江からです。公営競技ではボートが最初に導入しました。順次投票機器が更新され、２００２年４月２６日の唐津がラストでした。今では３連単の売上が全体の９０％を占めるまでになっています。２０２３年の３連単万穴発生率は１６.９％です。

　万穴にはならないものの、万穴に近い配当は穴舟券、高配当と呼んでいます。ボートレースらしさなら穴舟券ですが、高配当でも構わないので、こだわりなくこの本では両方の用語を使います。

● 超万穴の出現率も増加傾向

　１０万円を超える万穴を「超万穴」と呼んでいます。２０２３年の１年間で超万穴が出た本数は２８１本です。注目したいのは、超万穴の出現率が年々増えていることです。１コースの１着率が５０％を超えるようになると、「１コース有利」が先入観として植え付けられます。どんなレースでも「１コースに入る選手から舟券を買ってみようか」になるわけです。コース取りも「枠なり」といって、１号艇から枠番どおりに入るレースが全盛になってくると、ますます１コースが強いと思ってしまいます。

　ところが、１コースが逃げるには逃げるだけの条件が必要です。２コース

のカベと４コースが捲りをしないという２つの条件が必要です。それが満たされていないにも関わらず「１コース有利」と先入観を持つのです。１コースが敗れるだけで万穴が飛び出します。それが超万穴が増加している要因なのです。

　一つ一つのレースで、「１コースが逃げる条件」があるかチェックしてみてください。必ず不安を持った１コースがあるはずです。そんなときに万穴チャレンジのチャンスが訪れるのです。チャンスは逃がさないようにしたいものです。

● 3連単最高払戻金　761,840 円

2022 年 11 月 1 日　ボートレース児島
GⅢ オールレディース 第 34 回瀬戸の女王決定戦　4日目
第7R　予選

着	枠	選手名	進入	ST
1	6	黒明　花夢	6	0.21
2	1	中北　涼	1	0.23
3	5	今井　裕梨	5	0.14
4	2	寺田　千恵	2	0.21
5	4	日高　逸子	4	0.11
6	3	片岡　恵理	3	0.13

決まり手＝抜き

2連単	⑥－①	77,330 円	（26 番人気）
3連単	⑥－①－⑤	761,840 円	（119 番人気）

● 3連単万穴連続記録　→ 8レース連続

若　松　2002年9月5日（第4日）		
8R	③－②－⑥	13,670 円
9R	③－④－①	11,410 円
1OR	⑥－⑤－①	12,670 円
11R	④－①－⑥	14,850 円
12R	③－⑤－②	26,960 円
若　松　2002年9月6日（第5日）		
1R	①－②－⑤	16,440 円
2R	③－⑥－①	39,140 円
3R	⑥－①－⑤	13,170 円

● 3連単1日最多万穴回数　→ 9回

戸　田　2003年1月18日（初日）		
1R	④—⑥—⑤	4,880 円
2R	③—①—④	14,090 円
3R	③—⑥—②	13,430 円
4R	①—③—⑤	14,450 円
5R	⑤—②—①	19,650 円
6R	⑥—④—③	22,790 円
7R	⑤—④—⑥	3,470 円
8R	③—②—①	16,700 円
9R	④—⑥—②	15,160 円
10R	④—⑥—⑤	3,480 円
11R	②—⑤—⑥	10,140 円
12R	③—⑤—①	12,340 円

多摩川　2006年1月18日（最終日）		
1R	④—⑥—②	19,550 円
2R	⑥—①—⑤	7,710 円
3R	②—⑥—①	23,520 円
4R	③—②—⑥	20,360 円
5R	⑤—②—⑥	15,940 円
6R	②—③—①	25,080 円
7R	②—③—⑥	10,990 円
8R	①—②—③	3,190 円
9R	③—④—①	14,850 円
10R	③—⑥—①	36,230 円
11R	⑤—①—④	16,440 円
12R	②—④—①	6,570 円

浜名湖 2013年7月12日（2日目）		
1R	②—①—⑤	28,430 円
2R	③—④—⑤	12,690 円
3R	③—⑥—②	25,620 円
4R	④—③—①	41,960 円
5R	⑥—①—③	1,350 円
6R	③—④—⑤	18,690 円
7R	⑤—①—⑥	24,830 円
8R	⑤—⑥—③	17,380 円
9R	③—⑥—④	20,990 円
10R	③—②—①	5,420 円
11R	②—⑤—⑥	3,720 円
12R	④—⑥—③	13,290 円

● 1節10万超穴回数→4回

　大　村　2016年　6月21日〜26日　ヴィーナスS

　びわこ　2018年12月　7日〜12日　ルーキーS

● 万穴が出ない連続→64レース連続（節またぎ）

　児　島　2018年1月22日・11R〜1月31日・2R

地元戦で高配当記録を出した黒明花夢

chapter 2

ビギナーでも
簡単に高配当が獲れる

**第34回グランドチャンピオン
優勝者　土屋　智則(群馬)**

chapter 2-1　レース場のホームページから予想紙を取り出す

　ホームページを充実させるレース場が増えています。これまで専門紙やスポーツ新聞が舟券予想の役を担ってきました。しかし、ボートピア（場外発売所）やレース場の外向場外発売所、さらにネット投票が普及する中で、地域限定では舟券の売上が伸びません。広域発売を視野に入れた対応が必要になります。場外発売の売上が全体の売上の９０％にもなるレース場もあります。それがレース場のホームページの充実につながっているのです。

　ボートの専門紙やスポーツ新聞の役目を果たすものが、ホームページから取り出せるようになっています。全選手のコメントが入っているものや、モーター評価もあります。そこまでやるのかといった感じです。

　スポーツ新聞では、日刊スポーツが「ニッカンＰＤＦ新聞」を出しています。スポーツ新聞のボート欄をそのまま転用しているレース場もあれは、独自の横書き紙面にしているレース場もあります。ホームページに組み込むことで、誰でも無料で取り出せる仕組みです。モーター評価さえ載っていれば、高配当を獲るデータとして活用できます。

　ボートレース専門紙とタイアップしているレース場は、詳細なデータを無料で見ることができます。レース場独自でやっているところや、簡易版の「前日予想ＰＤＦ」とレース場によって違いがあるものの、誰もが無料で取り出せることに変わりありません。スマホは出走表を見ることができても、１日のレース全体を見るのに適していません。
　その日の舟券作戦の方向性を決めるには、１Ｒから１２Ｒまで全体を見渡せるものの方が便利です。モーター評価が載っているかどうかが重要です。

● 全国レース場ホームページから取り出せる予想紙データ（無料）

桐　生	地元予想紙（後半１０〜１２Ｒ）
戸　田	縦組・ニッカン前日予想ＰＤＦ
江戸川	専門紙「ボートレース研究」簡易版
平和島	出走表（前日予想コーナーにモーター評価あり）
多摩川	前日予想ＰＤＦ（モーター評価なし）
浜名湖	横組・ニッカンＰＤＦ新聞
蒲　郡	ガマスポＰＤＦ
常　滑	ＧⅢ以上のときは縦組・ニッカン前日予想ＰＤＦ
津	前日記者予想ＰＤＦ
三　国	前日予想ＰＤＦ
びわこ	前日予想ＰＤＦ
住之江	前日予想ＰＤＦ（モーター評価なし）
尼　崎	前日予想ＰＤＦ
鳴　門	前日予想ＰＤＦ
丸　亀	予想紙ＰＤＦ
児　島	予想紙ＰＤＦ（モーター評価なし）
宮　島	宮島専属記者・デイリー記者予想　無料専門予想紙
徳　山	横組・ニッカン予想紙ＰＤＦ
下　関	前日予想ＰＤＦ
若　松	横組・ニッカンＰＤＦ新聞
芦　屋	西スポＲＡＣＥＳＩＴＥ
福　岡	ペラ坊予想！　前日コメントＰＤＦ
唐　津	前日予想ＰＤＦ
大　村	予想紙ＰＤＦ

※２０２４年１０月１日現在

　ＰＤＦに印刷して見なくても、レース場のホームページのレース画面でモーター評価を見ることのできるところがあります。江戸川のホームページにある出走表画面には、波乗りの評価まであります。２０２４年４月にリニューアルした津のホームページの出走表画面は、モーターの出足、伸びの評価を大きく載せており、見やすい画面になっています。各レース場のホームページはスマホでも見ることができるので、舟券作戦の参考にしてください。

　ボートレースのオフィシャルウェブには、残念ながらそこまで配慮したものがありません。オフィシャルという立場上、的中を誘導するような予想は本来ならできないものです。予想などは、公式の縛りのない、責任ある第三者に任せるしかないのかもしれません。

見やすくて役に立つ
予想・情報が
無料で取り出せる

　１コース１着率が全国平均で５０％を超えるようになっています。いつしか「ボートレースはイン（１コース）」という考え方が舟券を買う側に刷り込まれるようになってきました。舟券の売れ行きを見ても、大半のレースで１号艇が１番人気に推されています。ＳＧやＧⅠになると、その傾向がさらに強くなります。

　みんなが買う舟券は高配当になりません。人気を集めている１号艇が負けるレースが高配当になるレースです。１コースの１着率が５０％ですが、これは１コースが１着にならないレースが５０％もあるということです。２回に１回の確率で１コースが負けているのです。１コースが負けるレースを探すのは、それほど難しい問題ではありません。

　その見つけ方をスポーツ新聞を利用して紹介します。やり方は簡単です。

---

① スポーツ新聞を準備する
② モーター評価の載っているレース場を探す
③ １号艇のモーター評価が△を探す
④ １号艇の他でモーター評価が◎を探す
⑤ １号艇のモーター評価が△で、予想印が◎なら高配当予備軍レース

　スポーツ新聞の記者は、それぞれ担当場を持っています。すべてのレース場にいるわけではありませんが、常駐できないレース場は、掛け持ちでカバーしています。

　担当場を持っている記者の多くは、モーター台帳をつけています。ノートの１ページ毎にモーター番号をつけており、使用選手名、級別、体重、成績、部品交換、出足、伸び、回り足の評価などを記載しています。そのノートを見れば、モーターの本来の力がわかる仕組みです。

　ＳＧやＧⅠのパンフレットにスポーツ記者がモーターに関する原稿を書いていますが、そのときに参考にしているのがこのノートです。何ヵ月も前の乗り手や成績を原稿にできるのは、こうした手間暇かけたノートがあるからです。パソコンでもモーター成績を見ることができます。しかし、直接手書きでやった方が記憶に残るのでしょう。

　常駐している記者が、毎日レースを見てつけるモーター評価は信用できます。強い選手が乗るからモーター評価を上げるといった私感はありません。選手評価とモーター評価は別物と考えて間違いありません。

● 1コースの選手に不安ありか、不安なしか

　高配当が出るのは１コースの選手に不安ありの時ですが、これを裏返すと大本命のレースが見えてきます。

1コースに入る選手のモーターに◎がついていれば勝つチャンスです。

　一般戦で１枠に１コースの取れる選手がいて、勝率上位、１番人気、展示１番時計なら、まず１着軸は動きません。スポニチは□の中に黒丸、日刊スポーツは○の中に黒丸がついています。**鉄板マーク**です。そうしたレースのモーター評価に△はついていません。モーターの裏付けのある実力者が１号艇に組まれたレースが大本命になるレースです。その逆のパターンが高配当が飛び出すレースと考えてください。

　ある程度舟券の経験を積めば、大本命になるか、高配当が飛び出すか分かるようになります。それでもなぜ舟券で負けるかと言えば、グレーゾーンのレースに手を出すからです。混戦、乱戦、難解とタイトルのつくレースは、展開一つで誰にも勝つチャンスがあります。そんなレースの舟券を的中させようと思えば、点数を買うしかありません。限られた点数で舟券を的中させようと思っても無理な話です。

　グレーゾーンのレースを敬遠して、大本命か高配当かに絞って舟券を買えば、そうそう負けるはずがありません。負けないためにもスポーツ新聞のモーター評価のチェックを怠らないようにしたいものです。

● スポーツ新聞のモーター評価をチェック

　①と②の準備ができたら、③の作業に移ってください。

　出足、伸び、回り足の３項目に印がついているレース場でも、「機評」でモーター評価のみの１項目のレースでも構いません。出足、伸び、回り足の３項目の場合、出足と回り足は、ほぼ同じような印がつくものです。出足と伸びは違った印がつくことが多いようです。

　いずれにしても、**出足、回り足に△印がついていれば、１コースの逃げに不安あり**と思ってください。×印がつくことは、まずありません。

　スポーツ新聞は前日に記事を入稿するため、当日のモーター気配が変わる点は考えておかなければなりませんが、悪いモーターが、すぐに超抜級には変身しません。良くて中堅級になる程度です。

　大本命を取るときはスポーツ新聞の予想印を参考にしなければなりませんが、**高配当を取るときは予想印を絶対に見ないようにしてください**。無印の選手を狙うときもあるからです。ボート業界でプロと呼ばれるスポーツ記者の予想印を無視するのは勇気がいります。しかし、高配当は常識が崩れて初めて成立するのです。本命、対抗の予想印は総合力でつける印です。人気とほぼ似たものになります。人気どおりに入れば本命です。その真逆を行くのが高配当です。

●スポーツニッポン新聞
　２０２４年４月１０日　常滑・GⅢオールレディース

　スポーツニッポンは、東京本社、大阪本社、九州本社があり、本社ごとにボートレースを扱う紙面が違います。ここで使用するのは大阪本社のものです。常滑「GⅢオールレディース」は紙面は大きく、モーター評価は出足、伸びの２項目があります。

　まずチェックするのは１号艇のモーター評価です。出足、伸びに△印がついていないかチェックします。

　該当しているのは、１Ｒ大澤真菜（△△）、２Ｒ谷口佳蓮（○△）、４Ｒ小野生奈（△○）、５Ｒ宇野弥生（△△）、６Ｒ落合直子（△○）です。
　１号艇に△印があるレースでは、他の枠で◎のついた選手がいないか探してください。なければ○が並んでいるレースでも構いません。あくまでもモーターの評価で、本社印ではありません。

　高配当を狙うなら、本社印は無視します。 これにこだわると、中途半端な狙いになり、高配当をゲットできません。

　本命配当を狙うなら、１号艇のモーター評価に◎があり、本社印も１号艇に◎のついたレースを探せばいいだけです。

　この日のレースでは、３Ｒ武井莉里佳、８Ｒ浜田亜理沙、１１Ｒ細川裕子のレースで、本社印とモーター評価に◎がついています。８Ｒの浜田には鉄板マークです。

```
　　３Ｒ　①−③−②　　３，３２０円
　　８Ｒ　①−④−③　　　６００円
　１１Ｒ　①−③−④　　　４９０円
```

　結果はこのように本命サイドの配当で収まりました。本社印◎・出足◎・伸び◎の「トリプル◎」と、本社印◎で、モーター評価のどちらかに◎の「ダブル◎」のレースでは、２、３着は本社の対抗○△をつけておけば、ほぼ間違いなく着に絡んでくれるので、ある程度舟券の点数を絞ることもできます。２、３着を絞るときもモーター評価が参考になります。本命党は１号艇をチェックして、「ダブル◎」か「トリプル◎」のレースだけを選んでください。

　これはスポニチだけでなく、他のスポーツ新聞、ボートレース専門紙でも使えるものです。

　【実戦例】では、本命配当を取るのではなく、高配当を獲るテクニックを紹介します。

季節が変わり、ここまでペラ調整の試行錯誤を繰り返してきた努力が報われたようだ。安定板が付いた影響があるかもですが、今後もペラ調整に集中していきます。それで結果として予選を突破できたらいいですね」。きょうは2走15点ノルマに挑む。出番は4、9R だ。

「2024年4月10日付　スポーツニッポン大阪本社版」

2024年4月10日　ボートレース常滑

GⅢ 常滑オールレディース　4日目

第1R　予選

印	枠	選手名	出足・伸び	6ヵ月勝率
▲	1	大澤　真菜	△△	4.00
	2	笠野友紀恵	○○	4.01
◎	3	宇野　弥生	△△	6.04
△	4	菅野はやか	◎○	3.79
	5	飯塚　響	○○	3.56
○	6	中田　夕貴	◎○	5.25

舟券の組立て

　菅野は初日に４コースから捲って１着を取っています。カド戦なので、捲りに期待です。宇野の上を捲れるかどうかがポイントです。中田は５コースからのレースになるので、上位着は十分です。宇野、菅野、中田を絡めた③＝④＝⑥のボックスと、笠野の先攻めで②＝③＝④のボックスが買い目です。モーター劣勢でも１Ｒに下がってきた宇野を外すのはどうでしょうか。

　モーター評価だけなら②＝④＝⑥のボックスも必要になります。どのケースでも４号艇の菅野が高配当舟券の軸です。

レース経過

　人気は実力上位の宇野に集まりましたが、パワーがないのでスタートで先手を取ることができません。横一線に近いスタートとなり、大澤が１マークで大きく流れます。捲り差しで中田、差して笠野、菅野が抜け出します。モーターの良い選手の組み合わせで決まりかと思われましたが、２周１マークで中田が流れ、差してきた宇野が３着に浮上しました。

📖 レース結果

着	枠	選手名	進入	ST
1	2	笠野友紀恵	2	0.17
2	4	菅野はやか	4	0.21
3	3	宇野　弥生	3	0.17
4	6	中田　夕貴	5	0.19
5	1	大澤　真菜	1	0.09
6	5	飯塚　響	6	0.16

決まり手＝差し

2連単	②ー④	3,450 円	（17 番人気）
3連単	②ー④ー③	10,890 円	（54 番人気）

 2024年4月10日　ボートレース常滑
GⅢ 常滑オールレディース　4日目

第2R　予選

印	枠	選手名	出足・伸び	6ヵ月勝率
△	1	谷口 佳蓮	○△	3.85
◎	2	細川 裕子	◎◎	6.69
○	3	森岡 まき	○○	3.67
	4	三嶌こころ	○△	1.67
▲	5	櫻本あゆみ	○○	5.76
	6	藤田 美代	◎○	4.40

【細川が底力の違いを見せつける】インの谷口をツケマイで急襲するか。そうなら森岡が連動。桜本はカド戦か

②予選進入　1 2 3 5 6 4

②↓BOX ③⑤①⑤①

10・59

👉 舟券の組立て

　２号艇の細川が選手の実力、モーターの動きとも上位。モーター評価で△が並ぶ谷口に対して、どういった攻め方をするのかがポイントになります。細川がパワーで圧倒するのなら谷口を消すことは可能です。三嶌は勝率１.６７と平均して５、６着です。舟券の対象から外せます。

　残った森岡、櫻本にモーター評価の良い藤田が絡むかです。絞るなら②－③＝⑤になります。細川が差しに構えるなら谷口の残り目もあるでしょう。そこまで広げて舟券収支がどうなるかです。

👀 レース経過

　枠なり進入から細川がパワーで圧倒するレースでした。１マークに行くまでに楽に１艇身出て、谷口を捲ります。前を塞がれるかたちになった谷口は、小回りでしのぐだけです。スピードがないので小回りしても残せません。森岡と櫻本が差して細川に続きます。１マークでは藤田が転覆しており、２マークを回ったところでほぼ決まり。１号艇のモーターが弱く、人気を下げていたので、実力とモーターで決着して本命配当になりました。

📖 レース結果

着	枠	選手名	進入	ST
1	2	細川　裕子	2	0.26
2	3	森岡　まき	3	0.22
3	5	櫻本あゆみ	4	0.20
4	4	三嶌こころ	6	0.34
5	1	谷口　佳蓮	1	0.36
転	6	藤田　美代	5	0.27

決まり手＝捲り

2連単	②－③	340円	（2番人気）
3連単	②－③－⑤	680円	（1番人気）

第4R 予選

印	枠	選手名	出足・伸び	6ヵ月勝率
◎	1	小野 生奈	△○	6.60
▲	2	水口 由紀	○○	4.98
△	3	木村紗友希	○○	4.53
	4	野田 彩加	○○	4.69
○	5	寺田 千恵	◎○	6.63
	6	畑田 希咲	○○	1.11

【小野に今節初1着のチャンスだ】スタートだけに細心の注意を払う。寺田は気配上々。水口は決め差しで勝負

舟券の組立て

　女子戦で勝率1点台の選手がいれば、舟券の対象外です。オール6着で勝率は1.00、オール5着で2.00です。展開に恵まれても4着が精一杯です。こんな選手がいれば、5艇レースと割り切ってください。

　1号艇で人気を集めている小野のモーター評価が微妙です。出足が弱いという評価なので、1コースからの逃げが決まるかどうかです。逆転するならモーター評価の良い寺田です。スタート展示で内寄りに入っていました。パワーで1マークを先取りできれば捲りも期待できます。①＝⑤－②③逆転目を期待です。

レース経過

　スタート展示と同じように寺田がコース取りで動き、進入は①②⑤／③④⑥です。スタートは木村が先手を取りましたが、寺田が伸び返します。寺田が木村をけん制する間に小野が1コースから先に回ります。寺田は捲り差し、水口が差しで続きます。バックの2着争いは寺田が外、水口が内です。同体に近い形で2マークです。木村が内から伸びてきたので、寺田は外から外へのターンになりました。先に回った水口が2着確保です。

📖 レース結果

着	枠	選手名	進入	ST
1	1	小野　生奈	1	0.16
2	2	水口　由紀	2	0.20
3	5	寺田　千恵	3	0.20
4	3	木村紗友希	4	0.19
5	4	野田　彩加	5	0.21
6	6	畑田　希咲	6	0.14

決まり手＝逃げ

2連単	①−②	370 円	（1 番人気）
3連単	①−②−⑤	700 円	（1 番人気）

実戦例 4　2024年4月10日　ボートレース常滑
GⅢ 常滑オールレディース　4日目

第5R　予選

印	枠	選手名	出足・伸び	6カ月勝率
◎	1	宇野　弥生	△△	6.04
○	2	冨名腰桃奈	○○	4.55
▲	3	井上　未都	○○	3.22
	4	永田　楽	△○	1.62
△	5	滝川真由子	○○	6.14
	6	谷川　里江	○○	5.32

【宇野がインの利を生かしていく】パワーアップにも期待したい。冨名腰は鋭発で攻める。井上も前進あるのみ

	と⑤予選進入	◎①⑨宇野弥生	○②⑪冨名腰桃奈	▲③⑮井上未都	④⑮永田　楽	△⑤⑩滝川真由子	⑥⑩谷川里江
	①	愛	福	福	愛	長	愛
	②	38	23	21	21	36	56
	③	47	45	46	45	46	46
	⑤	全	全	全	外	全	全
	⑥	13	18	21	20	16	17
	④	48	43	8	53	60	35
		○	○	○	△	△	△
	↓	○	△	○	○	○	○
	BOX	4	4	3	1	6	5
	❷❸❺	04	55	22	62	14	32
			②14❻	②14❻		②10❷	③11④❷
	12・24					⑤30❻	

舟券の組立て

　1号艇に本命印がついているにも関わらず、モーター評価がダブル△です。こういったレースで高配当が飛び出します。ただ、4号艇の永田は勝率1点台で舟券の対象外です。5艇レースです。

　1号艇以外でモーター評価に◎がついている選手がいれば、宇野を外した舟券を組み立てられますが、滝川、谷川のモーター評価は○です。①＝②＝⑤、②＝⑤＝⑥の2ボックスを買うしかありません。宇野のモーター評価が悪い以上、宇野外しの舟券が必要です。

レース経過

　コース取りで動きがあり、①②③／⑤④⑥。モーターの良い冨名腰と滝川でスリットで先手を取りますが、捲りを決めるほど出ていきません。1コースから宇野が先マイ。2コースの冨名腰が差しに構えますが、宇野の航跡にはまってボートが暴れます。最内に滝川が差し。その間に宇野が逃げ態勢に持ち込みます。2マークをうまく回った冨名腰が2着確保。3着は滝川と追い上げてきた井上で最終ターンまで接戦。井上がゴール前で交わしました。残念ながら高配当にならずでした。

📖 レース結果

着	枠	選手名	進入	ST
1	1	宇野　弥生	1	0.16
2	2	冨名腰桃奈	2	0.20
3	3	井上　未都	3	0.29
4	5	滝川真由子	5	0.31
5	6	谷川　里江	6	0.34
6	4	永田　楽	4	0.30

決まり手＝逃げ

2連単	①−②	390 円	（2 番人気）
3連単	①−②−③	2,040 円	（6 番人気）

 **5**

第6R　予選

印	枠	選手名	出足・伸び	6カ月勝率
◎	1	落合　直子	△○	6.05
△	2	鈴木　成美	○○	4.36
○	3	今井　裕梨	○◎	6.05
	4	谷口　佳蓮	○△	3.85
	5	笠野友紀恵	○○	4.01
▲	6	片岡　恵里	◎◎	4.62

と　⑥予選進入

印	枠	選手名		
◎	1	⑨落合直子 39大 47[全] 19	⑯ ◎ 4.62	②23 ❸
△	2	⑫鈴木成美 37静 45[全] 16	⑰ ○ 4.36	⑥28 ❺
○	3	⑫今井裕梨 40群 44[全] 14	⑲ △ 3.85	④14 ❺
○	4	⑫谷口佳蓮 40香 46[全] 14	㉗ ◎ 6.05	①20 ❷
○	5	⑫笠野友紀 53愛 47[全] 22	㉗ ○ 4.01	⑤22 ❺
▲	6	⑪片岡恵里 44山 47[全] 19	⑯ ◎ 6.05	②23 ❸ ③ ⋮14 勝 ❸

❶↓BOX❸
❸⑥❷
12.54

【落合が何が何でも先マイ決める】予選突破へ目イチ勝負。勝って後半戦につなげたい。今井は握って好位守る

舟券の組立て

　モーター評価に不安のある落合が１号艇です。１コース
から逃げるケースもあり、残すケースもありといったメン
バー構成になっています。モーター評価の良い片岡が６
コース回り。着絡みがあるかどうか微妙です。今井は伸び
型で捲りを得意にしている選手です。鈴木のモーターも悪
くないので、スロー発進だと捲りは難しいかもしれません。
①＝②＝③の舟券は必要です。この３者に谷口、笠野、片
岡が絡むというのが一般的に考えられる舟券です。今井が
攻めるタイプなので、その外にいる選手の差し絡みは十分
あります。①＝②－④⑤⑥も押さえたいところです。

レース経過

　枠なり進入から、１コースに入った落合がコンマ１０の
トップスタートを決めます。逃げるかと思われましたが、
２コースから鈴木が差し。モーター評価の悪い落合はバッ
クの伸びを欠いて、２マークまでに鈴木の差しが届きます。
３着は１マーク全速で攻めた今井と差してきた谷口、片岡
で競り合いになります。２マークで今井が脱落。３周目ま
で続いた谷口と片岡の競り合いは谷口が３着に。②－①－
④で万穴になりましたが、②－①－⑥でも万穴でした。１
号艇の落合が差されただけで万穴になるのです。

📖 レース結果

着	枠	選手名	進入	ST
1	2	鈴木　成美	2	0.13
2	1	落合　直子	1	0.10
3	4	谷口　佳蓮	4	0.20
4	6	片岡　恵里	6	0.33
5	3	今井　裕梨	3	0.15
6	5	笠野友紀恵	5	0.25

決まり手＝差し

2連単	②−①	2,740 円	（7 番人気 ）
3連単	②−①−④	19,380 円	（42 番人気 ）

ボートレース常滑

●スポーツニッポン新聞
2024年4月12日　戸田・一般競走

　スポーツニッポンは地域性があるのが特徴です。プロ野球の紙面を見ても、東京、大阪、福岡では同じ新聞でも1面に持ってくる球団が違います。大阪では阪神を1面に持ってこないと読者がいなくなります。福岡はソフトバンクが1面を飾ることが多くなります。

　ボートの紙面でも、東京だと関東圏のレースに大きな紙面を割き、遠隔地は小さな紙面です。選手名と予想印だけというのもあります。大阪は住之江と尼崎が大きな紙面で、福岡に行くと下関と九州地区のレース場が大きな紙面です。

　大きな紙面はモーター評価も詳細で、出足、伸び、回り足まで載っていますが、それがなくても、モーター評価だけで十分舟券を買うことができます。モーター評価は紙面には「機評」という表記で載っています。

　基本的にやり方は詳細版と変わりません。

> ① スポーツ新聞を準備する
> ② モーター評価の載っているレース場を探す
> ③ 1号艇のモーター評価が△を探す
> ④ 1号艇の他でモーター評価が◎を探す
> ⑤ 1号艇のモーター評価が△で、予想印が◎なら高配当予備軍レース

　ここで使ったのは大阪本社発行のスポーツニッポンです。戸田は小さな紙面になっています。予想担当は秋田麻由子さん、関東場を担当している地元記者です。

　「③1号艇のモーター評価が△を探す」に該当するのは4R、9R、10Rの3レースです。4Rの1号艇宮崎安奈は予想印が無印です。1号艇でも無印なら人気にならないので高配当は期待できないでしょう。

　9Rの1号艇金子貴志の機評が△で、予想印も△です。1着が取れないと中穴になるかもしれませんが、「④1号艇の他でモーター評価が◎を探す」

に該当する選手がいません。4号艇の川尻泰輔の機評が○です。これを軸にして舟券を組み立てるしかありません。

　10Rの1号艇桑原将光は、機評△、予想印○です。2号艇の木下大將、4号艇の川村正輝の機評が◎になっています。高配当予備軍レースです。

 **実戦例 6**　2024年4月12日　ボートレース戸田
第40回日本MB選手会会長賞　最終日

第10R　選抜戦

印	枠	選手名	機評
○	1	桑原　将光	△
◎	2	木下　大將	◎
▲	3	浮田　圭浩	○
	4	川村　正輝	◎
△	5	三浦洋次朗	○
	6	岡部　大輝	○

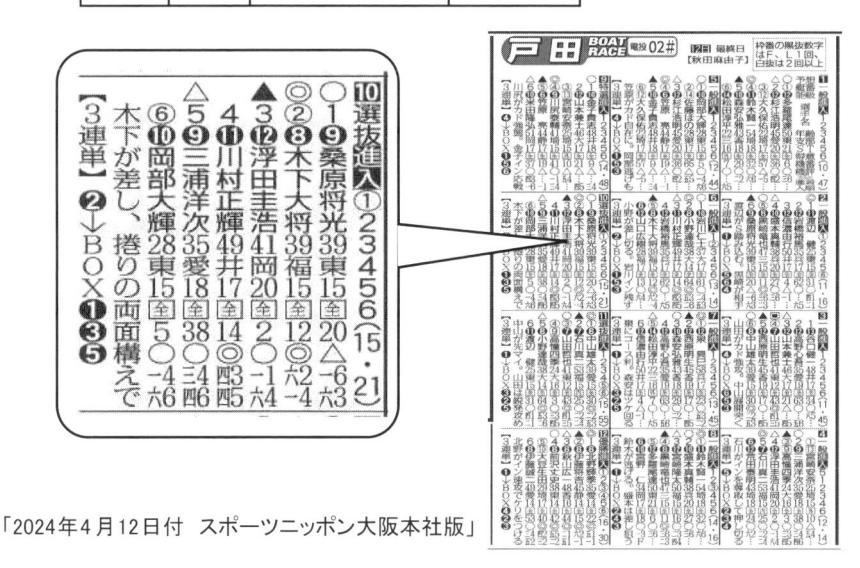

「2024年4月12日付　スポーツニッポン大阪本社版」

　1号艇の桑原のモーターに不安があるといってもＡ２級です。２号艇の木下がフライング持ちということを考えれば、桑原の逃げも考えておかなければなりません。①＝②は必要なところです。パワーで木下が攻めるのなら、木下から外の選手を絡めた舟券が必要です。②−⑤＝③④⑥か、戸田の狭い水面を考えると４カドの一つ外が絡んできます。②＝⑤−③④⑥も必要になります。

レース経過

　スタートで先手を取ったのはカドの川村でしたが、２コースから木下が伸びてきます。桑原はモーター劣勢で、１マークへ行くまでに木下が前に出ます。先に捲ったのは木下。しかし、やや強引な捲りで流れ気味です。捲り差しを決めた三浦と川村が抜け出し、さらに岡部も差してバック伸びてきます。三浦が２マークを先取り、川村は間に挟まれ後退。２マークを差した木下が２着を確保しました。

着	枠	選手名	進入	ST
1	5	三浦洋次朗	5	0.14
2	2	木下　大將	2	0.14
3	6	岡部　大輝	6	0.13
4	4	川村　正輝	4	0.12
5	1	桑原　将光	1	0.14
6	3	浮田　圭浩	3	0.23

決まり手＝捲り差し

2連単	⑤－②	3,210 円	（13 番人気）
3連単	⑤－②－⑥	11,400 円	（46 番人気）

　参考までに1号艇の機評が△だったレースの結果も紹介しておきます。
1号艇が3着にも入っていません。

4R　2－4－5　　　2,700円
9R　3－2－5　　32,510円

　スポーツ新聞やボートレース専門紙は、販売を目的としたものです。スポーツ新聞は広告料収入があるので、ボートレース専門紙と比べると低価格に抑えられています。しかし、お金を払って買うことには変わりありません。

　そんな常識を破ったのが「ニッカンＰＤＦ新聞」です。レース場によって呼称に多少の違いはありますが、日刊スポーツが関連しているのは間違いありません。レース場のホームページから取り出せます。レース場のホームページなので無料です。

　スポーツ新聞が無料で紙面を提供すると、お客さんはスポーツ新聞を買う必要がなくなります。長い目の経営的な観点からすれば、会社に損失を与えるのではないかと思われますが、あえてそれに踏み切ったのには、時代の流れを無視できません。

　今はネットの時代です。ボートレースが売上を伸ばしてきたのも、ネット投票によるところが大きいでしょう。新型コロナの影響で社会の動きが停止した時期に、ボートレースはネット投票の売上が全体の８０％を占めていました。レース場は無観客です。ボートレースチケットショップ（ＢＴＳ）もいろいろな制限がありました。レースの方は、社会貢献をするという名目で通常どおり開催されていました。舟券を買うにはネット投票しかなかったのです。そうした背景もあって、日刊スポーツは店頭販売に頼らない方法を模索したのではないでしょうか。

　レース場のホームページが取り出せる「ニッカンＰＤＦ新聞」は無料ですが、日刊スポーツがボランティアでやっているのではありません。情報提供料として、それなりの金額をレース場から受け取っています。店頭販売よりも情報提供料の方が上回るのなら問題はありません。何もせずに販売部数が落ち込むのを待つのではなく、あえて新業態に踏み込んだと考えれば納得がいきます。

●ニッカンＰＤＦ新聞には縦書き版と横書き版がある

　各種のデータがパソコンやスマホで見ることができるようになってから、スポーツ新聞の売り上げが下がり気味だと聞いたことがあります。新型コロナが５類へ移行されて、ファンがレース場へ行けるようになってからも、この傾向は変わっていません。レース場やＢＴＳでスポーツ新聞を持っている人の数は限られています。ボートレース専門紙も同じです。

　ニッカンＰＤＦ新聞は、日刊スポーツのボートレース紙面をそのまま使った縦書き版と、選手全員のコメントが入った横書き版があります。いずれの場合でも、取り出すには、各レース場のホームページにあるニッカンＰＤＦ新聞のコーナーを探すだけです。画面上に紙面が出れば、印刷してください。当該レース場の情報を満載した紙面が印刷されて出てきます。

　縦書き版は戸田、GⅢ以上のときの常滑、横書き版は浜名湖、徳山、若松のレース場のホームページから無料で取り出すことができます。

　どちらの版にも予想印、モーター評価（出足、伸び、回り足）が載っており、活用の仕方はスポーツ新聞と同じです。

---

①レース場のホームページからニッカンＰＤＦ新聞を取り出す
②１号艇のモーター評価が△を探す
③１号艇の他でモーター評価が◎を探す
④２と３に該当したレースがあれば、それが高配当予備軍レース
⑤１号艇のモーター評価が△で、予想印が◎なら高配当予備軍レース

　本命党は、

---

①１号艇のモーター評価◎を探す
②１号艇の予想印に◎のついているレースを探す
③１号艇に予想印、モーター評価が◎のレースが見つかれば、本命予備軍レース
④選手コメントでモーターの裏付けがあるかチェックする
⑤直前の展示航走でコメント通りかチェックする

ダブル◎、トリプル◎ならほぼ1着は間違いなしです。2、3着候補の選手をオッズとの兼ね合いで絞ってください。①ー②ー③、①ー②ー④といった舟券に絞られるはずです。

●1号艇にトリブル◎なら本命予備軍

　高配当の獲り方の前に、本命の取り方を浜名湖版「ニッカンPDF新聞」で簡単に説明します。2024年4月16日、浜名湖初日のレースです。

　1号艇に予想印、モーター評価が◎のレースを探すと、3R、5R、7Rがあります。その中でダブル◎は3Rと7Rで、トリプル◎は5Rです。予想印が1個、モーター評価の出足、伸足、回り足に3個と、合計4個の印があります。◎が2個なら「ダブル◎」、3個なら「トリプル◎」、4個全部◎なら「カルテット◎」と呼んでおきます。◎の数が多いほど信頼度が上がります。

　こんな簡単なことで良いのかと思うでしょうが、印を付ける人はこの道のプロです。印の中には、ボートに対する経験、知識、情熱が凝縮されています。舟券での負けも嫌というほど経験してきたでしょう。昨日、今日に舟券を買い始めた人とは違うのです。そんな中身の濃い◎が3個も並んでいるのが5Rです。

※実戦例とは別の日の予想紙です

モーター評価で
ダブル◎トリプル◎
なら１着間違いなし

2024年4月16日　ボートレース浜名湖
スポーツ報知ビクトリーカップ　初日

第5R　予選

印	枠	選手名	級別	出・伸・回
◎	1	山崎　哲司	B1	◎○◎
▲	2	松村　康太	A2	△△○
△	3	鈴木　峻佑	B1	△△○
	4	岡谷　健吾	A2	△△○
	5	南　　彩寧	B2	○◎○
○	6	池永　　太	A1	○○○

舟券の組立て

　5号艇の南のモーターに◎がついていますが、B2級で勝率1点台です。1点台の選手は5着か6着しか走らない選手です。こうした選手が勝つのは、同じような選手が集まったときです。1点台の選手がいれば、5艇レースと割り切って考えてください。

　1号艇の相手はトリプル○の池永です。①－⑥＝②③④なら安心してレースを見れるでしょう。3号艇の鈴木は地元の選手だけに軽視できません。

レース経過

　新人の南が6コースに出て、コースは①②③／④⑥⑤。カドになった4号艇の岡谷がスタートで立ち遅れ。スロー勢の方が早いスタートを決め、1号艇の山崎が楽に逃げを決めます。2コースの松村が差しに構えたので、3コースの鈴木が松村の上を叩くように捲り差し、池永も捲り差しに入ります。バック内有利に池永が3着を確保しました。人気が①－②＝⑥に集まっていたので、鈴木が2着に入っただけで配当がつきました。

レース結果

着	枠	選手名	進入	ST
1	1	山崎　哲司	1	0.14
2	3	鈴木　峻佑	3	0.13
3	6	池永　　太	5	0.19
4	2	松村　康太	2	0.18
5	4	岡谷　健吾	4	0.27
6	5	南　　彩寧	6	0.32

決まり手＝逃げ

2連単	①－③	850 円	（4番人気）
3連単	①－③－⑥	1,570 円	（8番人気）

●１号艇のモーター評価が△なら高配当予備軍

　今度は１号艇の予想に◎がついているものの、モーター評価が△のレースを探します。

　初日の浜名湖ボートの日刊ＰＤＦ版では１０Ｒが該当レースです。

 **実戦例 8** 2024年4月16日　ボートレース浜名湖
スポーツ報知ビクトリーカップ　初日

第10R　予選特賞

印	枠	選手名	級別	出・伸・回
◎	1	仲口　博崇	A2	△△〇
▲	2	中田　元泰	A1	△△〇
	3	桑原　　啓	B1	〇〇〇
〇	4	黒井　達矢	A1	〇〇〇
	5	坂口　貴彦	B1	〇△〇
△	6	松村　慶太	A2	△△〇

舟券の組立て

　仲口は最速男で名前を売ってきました。グランプリにも出場したことのある選手です。ベテランになってスピードが落ち、現級はＡ２級です。それでも１号艇なら負けられないという気持ちです。しかし、モーターの裏付けがありません。相手はモーター評価が上、級別も上の黒井です。３号艇の桑原はベテランのＢ１級で、スピードがありません。捲りか捲り差しになるかです。①＝④からどこへ持って行くかです。５号艇の坂口は３４１７勝の記録を持って

いる北原友次さんのお孫さんです。全速で攻めるレースができます。①＝④－②⑤⑥に加えて、黒井が捲りを決めるケースの④－⑤⑥－①②⑤⑥も欲しいところです。

🔭 レース経過

枠なり進入から4カドの黒井がスタートで先手を取ります。3コースの桑原が遅れ気味で、スタート後も黒井の伸びが目立ちます。捲りに行く気ですが、1コースの仲口が反発する構え。すぐに黒井は捲り差しに切り替え、楽々と抜け出します。先マイの仲口が立て直し、バックは内に黒井、外に仲口で黒井が2マークを先取り。3着は捲り差しで入った坂口と松村で競り合いになりますが、2マークで坂口が松村を差し返して3着に入りました。

📖 レース結果

着	枠	選手名	進入	ST
1	4	黒井　達矢	4	0.12
2	1	仲口　博崇	1	0.15
3	5	坂口　貴彦	5	0.19
4	3	桑原　　啓	3	0.17
5	2	中田　元泰	2	0.19
転	6	松村　慶太	6	0.23

決まり手＝捲り差し

2連単	④－①	780 円	（3 番人気）
3連単	④－①－⑤	4,650 円	（16 番人気）

2024年4月16日　ボートレース浜名湖

スポーツ報知ビクトリーカップ　初日

第11R　予選特選

印	枠	選手名	級別	出・伸・回
◎	1	中村　晃朋	A1	○△○
△	2	中里　昌志	B1	○○○
○	3	長尾　章平	A2	○○○
▲	4	清水　沙樹	A1	○◎○
	5	山崎　哲司	B1	◎○◎
欠	6	山崎　裕司	A2	

舟券の組立て

　1号艇でA1級の中村です。モーターが良ければ不動の軸艇といったところですが、モーター評価に△があります。伸びを活かして攻める選手がいたら苦戦も考えておきたいところです。中村の相手になるのは、モーター評価で◎のついている清水と山崎哲です。山崎哲はB1級ですが、これは出走回数不足によるもので、A1級に近い勝率を持っています。とりあえず中村とモーター評価の良い清水、山崎哲を絡めた①＝④＝⑤のボックスは欲しいところです。中村が清水の捲りに潰されるのなら④＝⑤－流しか、④＝⑤＝③のどちらかは必要です。1号艇を消すなら中里、長尾、清水、山崎哲の絡みが必要です。そこまで見切れるかです。

レース経過

　5艇レースで、スタート展示は①②③／④⑤でしたが、本番は4号艇と5号艇のコースが変わって①②③／⑤④でした。この進入ならモーター評価の良い山崎哲の軸に推せます。しかし、スタート展示のコースを基本に考えると軸は清水です。スタートは長尾が先手を取るかたちで捲りを決めます。中村は抵抗できず、山崎哲が捲り差し、中里が差し、さらに清水も捲り差しで続きます。中村が完全に潰されてバックで圏外に。バックは中里、山崎哲、清水で接戦。2マークで山崎哲が清水をけん制する隙に中里が2着を確保しました。舟券は外れですが、考え方は理解できたと思います。

レース結果

着	枠	選手名	進入	ST
1	3	長尾　章平	3	0.19
2	2	中里　昌志	2	0.31
3	5	山崎　哲司	4	0.25
4	4	清水　沙樹	5	0.25
5	1	中村　晃朋	1	0.24
欠	6	山崎　裕司		

決まり手＝捲り

2連単	③－②	6,160円	（13番人気）
3連単	③－②－⑤	24,870円	（36番人気）

1号艇のモーター評価に△がついていれば、人気になっていてもモーターの裏付けがない「不安な本命」と考えておくべきでしょう。1コースから逃げるケースもあれば、差されるケース、捲られるケースなどを考えて舟券を準備しておくことです。

　ボートレースのプロである記者が付けたモーター評価の印だけに価値が違います。印は簡単なものですが、その背景には記者の経験と知識が凝縮されています。活用しないと損です。毎日ボートレースを見ている人には勝てません。

ボートレース浜名湖

chapter 2-4　レース場の予想紙を使って高配当を獲る

　ニッカンＰＤＦ新聞といっても、まだ全国のレース場で取り出せるわけではありません。同じようなレベルの高い予想紙をホームページから取り出せるレース場があります。出足、伸び、回り足といったモーター評価の載っているものに限定すると、

蒲　郡	ガマスポＰＤＦ	
丸　亀	予想紙ＰＤＦ	
宮　島	宮島専属記者・デイリー記者予想　無料専門予想紙	
芦　屋	西スポＲＡＣＥＳＩＴＥ	
大　村	予想紙ＰＤＦ	

　取り出し方は、開催しているレース場のホームページ内の予想紙コーナーへ行き、紙面を画面に出して印刷します。

　使い勝手を考えると、蒲郡、宮島、大村の３場です。選手コメントもあり、シリーズに入ってからのデータも豊富です。もちろん予想印があるので、本命予備軍か高配当予備軍レースか判断がつきます。やり方は、これまでスポーツ新聞やニッカンＰＤＦ新聞でやってきたことと変わりません。

　多分、担当している記者との関係だと思いますが、モーター評価がレース場によって違いがあります。ガマスポはモーター評価の△が比較的少ない方です。「１号艇のモーター評価で△を探す」に該当するレースが少ないので、高配当予備軍レースがなかなか見つかりません。

　モーター評価が厳しいのは平和島の前日予想と尼崎の前日予想紙です。尼崎は×が出てきます。１号艇に×なら、「１号艇を買うな」になります。

　いずれにしても、モーター評価は高配当予備軍レースを探すには絶対に必要なものです。どんなに数字を並べても、モーター評価の◎○△に勝てません。

●ガマスポＰＤＦ
２０２４年４月１６日　蒲郡・一般競走　４日目

　蒲郡のホームページに行くと、出走表ＰＤＦの横に「ガマスポＰＤＦ」の項目があります。そこをクリックすると、
- ・ガマスポは、ボートレース蒲郡オフィシャルサイトの情報を集約させた情報紙ＰＤＦです。
- ・前日夜、掲載データが揃った時点で公開、ダウンロードが可能になります。ご了承ください。
- ・通常版はＡ３サイズ、簡易版はＡ４サイズで印刷されます。任意での設定は各自で行ってください。

という注意書きがあります。Ａ３サイズの通常版は、節間成績、コース、タイミング、着順が載っています。出走表のデータに加えて、モーターの出足、伸び、回り足の評価があり、さらに各レースごとの選手コメントも載っています。至れり尽くせりといった内容です。簡易版は節間成績が着順のみです。他のデータ、コメント、予想印は通常版と同じです。ここまでやられるとボートレース専門紙やスポーツ新聞の販売にも影響が出そうです。しかし、ナイターは遠隔地のネット投票やボートピアなどの売上に頼らなくてはならない現状だけに、これだけの労力と手間をかけたものが必要なのでしょう。

　そのシリーズ初日からのバックナンバーを取り出すこともできるので、選手コメントの変化などを読めます。

　高配当が出そうなレースの選び方は、これまでスポーツ新聞やニッカンＰＤＦ新聞とやり方は同じです。

---

① 蒲郡のホームページより、ガマスポを取り出す
② １号艇のモーター評価が△を探す
③ １号艇の他でモーター評価が◎を探す
④ ２と３に該当したレースがあれば、それが高配当予備軍レース
⑤ １号艇のモーター評価が△で、予想印が◎なら高配当予備軍レース

　4日目のガマスポで1号艇のモーター評価に△がついているのは、1R、4R、5R、8Rです。1号艇の他でモーター評価に◎がついているのは1R、4R、5R、8Rです。この4レースが高配当予備軍になります。

```
1R　4−2−1　　4,300円
4R　2−3−5　　1,400円
5R　1−3−6　　6,900円
```

　3レース中、2レースで1号艇が負けています。1号艇の予想印に◎がついていなかったので、1号艇が負けても穴舟券にはなりませんでした。
　ナイター時間に走る8Rはどうなったでしょうか。

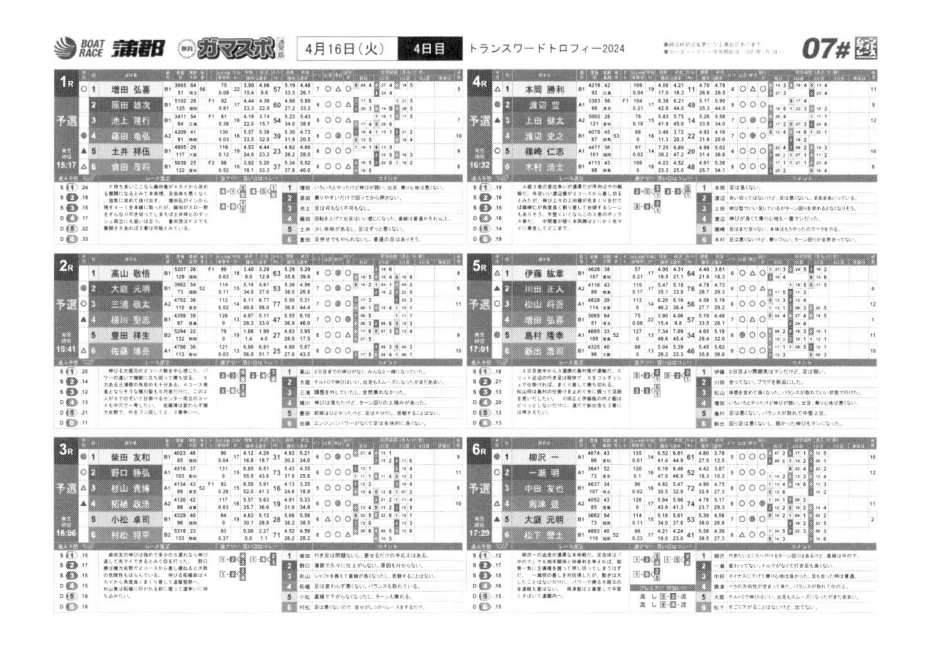

トランスワードトロフィー2024　4日目

第8R　予選

印	枠	選手名	級別	出・伸・回
○	1	小林　泰	A2	○△○
	2	高山　敬悟	B1	○◎○
△	3	木村　浩士	B1	○○○
◎	4	萩原　秀人	A1	○◎○
	5	倉田　茂将	B1	○○△
▲	6	杉山　貴博	A1	○○○

舟券の組立て

　カドが取れる萩原のモーターは伸びが◎です。ＳＧで活躍する選手だけにスタートのスピードの乗せ方が違います。１コースの小林が残せるかです。倉田はフライング２本持ちで、期末のレースならスタートが慎重になります。④－⑤の舟券は成立しにくいでしょう。④－①＝②③⑤をまず買っておいて、④－⑤＝⑥まで、いるかどうかです。萩原の捲りを想定するなら④－⑤＝⑥は欲しいところです。

レース経過

　４コースのカドを取った萩原が強力パワーで圧倒したレースです。スタートで先手を取り、スタートしてから伸びていきます。２号艇の高山がフライング持ちというのもあって、スロー勢の抵抗はありません。小林は小回りで残そうとします。３コースの木村は早めに萩原に捲られますが、一旦引いてそこから全速で萩原の後を追います。捲り差した倉田と小回りの小林で３着競り。２マークで小林が３着に入りました。

📖 レース結果

着	枠	選手名	進入	ST
1	4	萩原　秀人	4	0.14
2	3	木村　浩士	3	0.32
3	1	小林　　泰	1	0.19
4	6	杉山　貴博	6	0.21
5	5	倉田　茂将	5	0.23
6	2	高山　敬悟	2	0.23

決まり手＝捲り

2連単	④―③	1,250 円	（5 番人気）
3連単	④―③―①	2,160 円	（7 番人気）

●宮島専属記者予想新聞
２０２４年４月１５日　宮島・一般競走

　宮島のホームページにはアングル別動画があり、レース場の全景、ピット、２マーク、１マークからのカメラアングルで水面を写しています。特に１マークと２マークのアングルは真正面からのアングルなので、周回展示のスピードや旋回半径がわかります。人間の目線に近い高さなので臨場感があります。これを取り入れるレース場が増えてくるでしょう。

> ① 宮島のホームページより、宮島専属記者予想新聞を取り出す
> ② １号艇のモーター評価が△を探す
> ③ １号艇の他でモーター評価が◎を探す
> ④ ２と３に該当したレースがあれば、それが高配当予備軍レース
> ⑤ １号艇のモーター評価が△で、予想印が◎なら高配当予備軍レース

　宮島の４月１５日の宮島専属記者予想新聞で「②１号艇のモーター評価が△を探す」に該当するレースは、５Ｒと８Ｒです。５Ｒは伸びに◎がついているので、全体の評価で△になりません。一応、ここでは除外しました。

　８Ｒ１号艇の上條嘉嗣は行き足○、出足・回り足が○で、伸びが△です。５号艇の堀之内紀代子は回り足が◎です。堀之内はチルトを上げて捲りを得意にしている選手なので、この捲りが決まれば高配当になる予感がします。宮島は他のレース場とモーター評価が少し違っています。行き足の項目があります。行き足はスタートをするときの舟足です。スピードの乗ったスタートのできるモーターかどうかを評価する判断材料になります。

ういちの大ブッちぎりィ！！祭　最終日

第8R　一般

印	枠	選手名	級別	出・伸・回
◎	1	上條　嘉嗣	A1	○○△
○	2	柴田　朋哉	B1	△○○
×	3	花本　夏樹	B1	○○○
△	4	松本　浩貴	B1	○△○
	5	堀之内紀代子	A2	○△◎
	6	沼田　七華	B2	○△○

 **舟券の組立て**

　期末のレースでフライングを持っている選手のスタートが微妙です。ここでフライング持ちは上條、松本、堀之内の3選手です。上條はフライングを意識して、5日目までの平均スタートが0.20です。展示タイムは5、6番手が目立っています。逆転があるとすれば、チルトを上げて伸び型仕上げの堀之内です。堀之内が捲ったとしても、6号艇で6コースの沼田はついて行けません。①＝⑤−②③④。上條が潰された⑤−②③④−②③④なら高配当です。

👀 レース経過

　枠なり進入で、堀之内はチルト＋1.5度の伸び型仕上げです。スタートはカドの松本が先手を取りましたが、堀之内がスタートをしてから伸びて行きます。迷わず捲りに出ます。しかし、内側をつぶすことのできたのは2コースまで。上條が反発する構えです。ここで堀之内は捲り差しに切り替えます。うまく上條の内を差しました。先に回っていた上條が2着をキープ、小回りで差した柴田が3着に残しました。残念ながら高配当にならずでした。

📖 レース結果

着	枠	選手名	進入	ST
1	5	堀之内紀代子	5	0.09
2	1	上條　嘉嗣	1	0.14
3	2	柴田　朋哉	2	0.16
4	4	松本　浩貴	4	0.13
5	3	花本　夏樹	3	0.17
6	6	沼田　七華	6	0.10

決まり手＝捲り差し

2連単	⑤—①	1,260 円	（5 番人気）
3連単	⑤—①—②	2,580 円	（13 番人気）

ボートレース宮島

●**大村予想紙 PDF**
２０２４年４月２３日　大村・一般競走

　これまで高配当に関連したレースの解説をしてきましたが、大村ということで、本命レースの簡単な見つけ方、絞り方を解説します。

　３連単の舟券の組み合わせは１２０通りです。１点勝負をするのはリスク覚悟でないとできません。しかし、明らかに１号艇が勝つようなレースでは、１点買いが可能です。

　①－②－③の組み合わせは「イノキ舟券」と呼ばれています。これは、３連単開始のポスターモデルになったプロレスラーのアントニオ猪木さんが、「イチ、ニイ、サン、ダーッ」とやっていたところからつけられた舟券の名称です。

　イノキ舟券は本命党が好んで買う舟券ですが、果たしてそんな舟券で儲けが出るのかどうかを調べてみました。「レースを選べ」を守れば、回収率をプラスに持って行くことは可能です。

●イノキ舟券（①－②－③）１点勝負　的中率ベスト10

順位	レース場	レース	的中率	平均配当	回収率
1	大　村	11R	21.2%	735 円	156.1%
2	常　滑	12R	17.0%	778 円	132.3%
3	若　松	8R	16.4%	446 円	73.2%
4	児　島	6R	15.8%	473 円	74.8%
5	徳　山	4R	15.8%	527 円	83.5%
6	下　関	11R	15.3%	640 円	98.0%
7	唐　津	12R	15.3%	720 円	109.9%
8	丸　亀	9R	15.2%	900 円	136.5%
9	津	5R	14.9%	763 円	113.9%
10	福　岡	8R	14.9%	620 円	92.3%

※集計・2023年1月〜12月

● 大村11R、常滑12Rでイノキ買い

　シード番組でイノキ（①-②-③）舟券が出やすいのはわかります。1号艇にA1級をシードすれば、1号艇が1コースから逃げるレースが増えてきます。ただし、誰もがわかる舟券なので、的中率が高くても平均配当は下がります。平均配当が下がれば回収率も低くなり、舟券の魅力はなくなります。

　ところが、後半の11R、12RになるとA1級、A2級のメンバー構成になるため、いろいろな舟券が売れます。人気もバラけるので、オッズは高目です。イノキ（①-②-③）舟券で決まっても平均配当が高くなります。当然、回収率も上がるわけです。

●イノキ舟券（①-②-③）1点勝負　的中率ワースト5

順位	レース場	レース	的中率	平均配当	回収率
1	三　国	7R	0.6%	930 円	5.4%
2	びわこ	7R	1.1%	1,230 円	14.0%
3	戸　田	6R	1.6%	1,970 円	30.6%
4	江戸川	2R	1.7%	3,643 円	62.1%
5	平和島	4R	2.2%	3,673 円	69.3%

● シード番組直後のレースにイノキなし

　シード番組でＡ１級を１号艇に入れると、直後のレースで同じような番組が組めません。シード番組は前半のレースに多く、Ａ１級を１号艇に何レースも入れると、後半の売上げの上がるレースで外枠に回されます。それを避けるためにＢ級を１号艇に入れることになります。１号艇が負けるので、イノキ舟券の出現率が下がります。メンバー構成を見て、レースを選ばないと失敗します。これはどんなレースにも当てはまることです。番組の変化に対応するしかありません。これは舟券作戦の基本です。

> ① 大村のホームページから予想紙ＰＤＦを取り出す
> ② １号艇のモーター評価が◎を探す
> ③ １号艇の日刊予想◎を探す
> ④ ２と３に該当したレースがあれば、それが本命予備軍レース

　４月２３日の大村予想紙ＰＤＦで、これに該当するレースは、８Ｒ、１０Ｒ、１１Ｒ、１２Ｒです。中でも８Ｒには鉄板マークの★がついています。１号艇を軸にしていいレースです。大村だから「１コースが強い」という先入観で、すべてのレースで１号艇から舟券を買っていてはダメです。信頼できる１コースかどうかをチェックする上で、大村予想紙ＰＤＦは役立つのです。

　１号艇から入る場合、オッズは安目なので舟券の点数を絞らなくてはなりません。２着、３着は○、△印の選手に頼りたくなります。しかし、１号艇が堅くても、ヒモ穴はかなり出るものです。そのときに参考になるのがモーター評価です。印の良いものを絡めることを忘れないでください。

　・レース結果・
```
 8R   1-3-2    1,010円
10R   1-6-2    2,360円
11R   1-6-3    1,060円
12R   1-2-6      960円
```

※予想につきましては、日刊スポーツが実施しております。
※舟券の購入は20歳になってから。
※無理のない資金で余裕を持ってお楽しみください。

サンケイスポーツ杯

展望 小野達哉がパワフルな動き

小野達哉が伸びを中心に上位級の仕上がりだ。3日目前半4Rを道中逆転で2着とすると、後半12Rは2コースからイン吉田拡郎を差し切った。得点率は8・60の3位タイと準優の1枠も視界に入ってきた。予選ラストの4日目4Rに1走入魂の構えだ。得点率首位は5戦3勝オール2連対の深川真二が快走中。ボーダー付近では、発祥地選抜組の17位タイ山下和彦が勝負駆けに追い込まれている。

本日の鉄板! 10R…松尾が逃げて、予選ラストを締めくくる。1－2－3、1－2－5の計2点。

本日の穴狙い! 12R…深川がパワー優位に立ち回る。2－4流し、2－3流しで計8点。

マイルクラブ大村24 準優勝戦はマイル3倍!優勝戦はマイル5倍!

4月22日のレース結果

R	結果	2連単	3連単
1R	4-1-3	2,050円	8,770円
2R	5-1-6	2,240円	9,660円
3R	5-6-1	21,650円	196,060円
4R	2-3-1	1,560円	3,370円
5R	1-3-5	310円	1,030円
6R	5-3-1	4,180円	9,370円
7R	1-4-5	580円	3,410円
8R	1-2-4	350円	4,430円
9R	1-5-2	720円	760円
10R	1-2-3	200円	390円
11R	1-4-3	450円	1,000円
12R	2-1-4	690円	2,290円

平均ST、選手勝率、モータ勝率欄の■は、当該項目の上位10位以内を示します。間間成績の●はドリーム戦、■は準優戦での成績です。

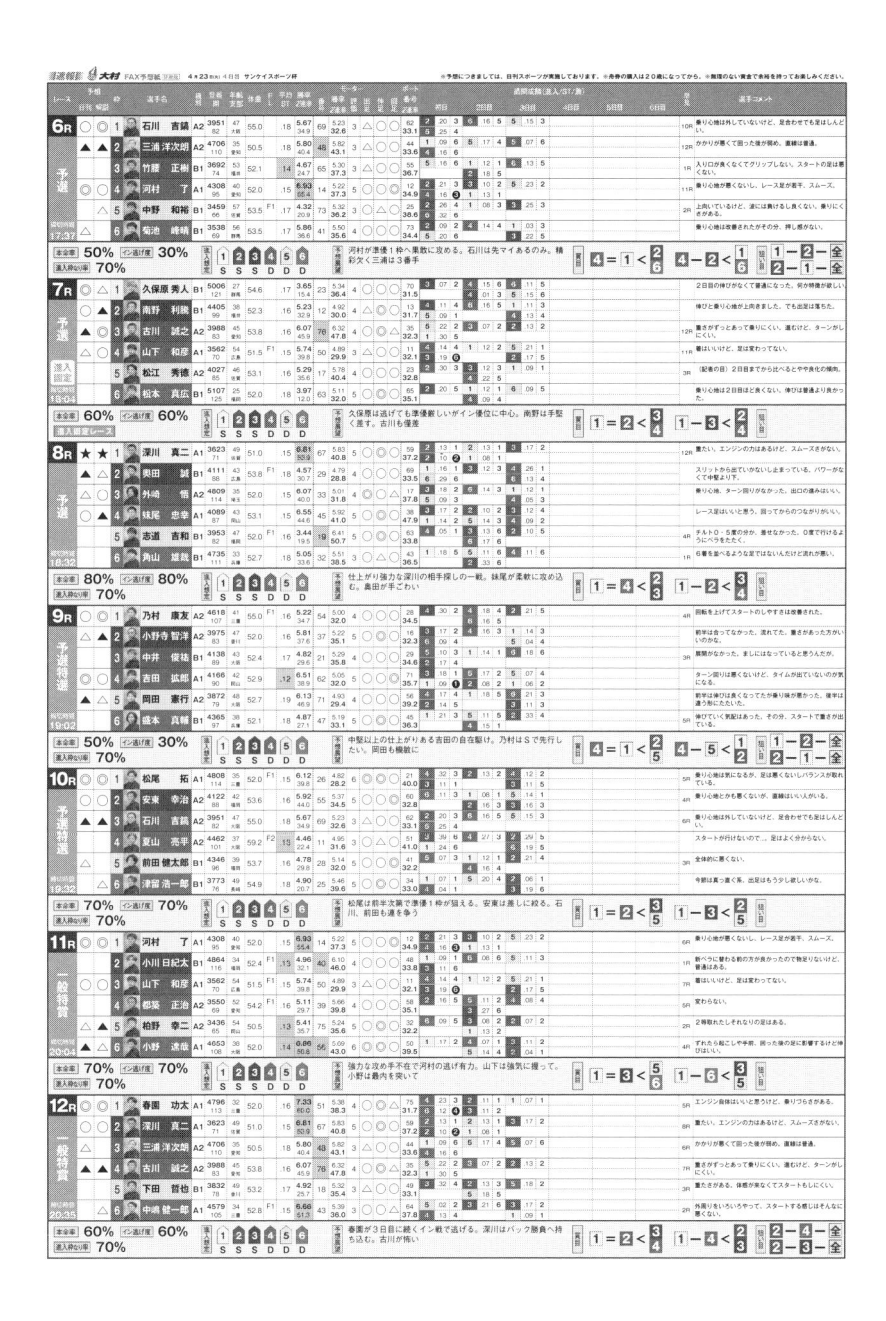

●鳴門前日予想紙
２０２４年４月１８日　鳴門ボート　ＧＩマスターズＣ　３日目

　鳴門は、全国で２番目に競走水面が狭いレース場です。

　護岸がスタートをしてから狭くなっているので、１マークに行くまでに自然なかたちでアウトの選手が絞り気味になります。内側の選手の反発があるので展開がもつれて万穴が出やすいレース場です。

　第２５回マスターズＣの公式パンフレットにスポーツ報知の田代一郎記者が「狭い競走水面はクルッと回るターン足が重要なポイントとなり、周回展示ではバックの伸び以上にターンマークをスムーズに回る選手に注目」と書いています。

　そんな舟足があるかどうかを見つけるのに役立つのが前日予想紙です。全選手のコメントも入っています。これだけで十分に万穴が出そうなレースをチェックできます。

　ガマスポＰＤＦや宮島専属記者予想新聞と比べると、前日予想紙のデータは必要最小限といったところです。モーター評価も出足と伸びの２項目です。

　しかし、モーター評価と予想印さえあれば十分です。こんな簡単なことで万穴が獲れるのかという疑問があるでしょうが、担当の記者がすべて代行しているのです。印は単純でも、その内容には奥行きの深さがあります。記者の経験と知識が印の中に凝縮されているのです。記者さんに感謝です。

---

　① 鳴門のホームページから前日予想紙を取り出す
　② １号艇のモーター評価が△を探す
　③ １号艇の他でモーター評価が◎か○を探す
　④ ２と３に該当したレースがあれば、それが高配当予備軍レース
　⑤ １号艇のモーター評価が△で、予想印が◎か○なら高配当予備軍
　　レース

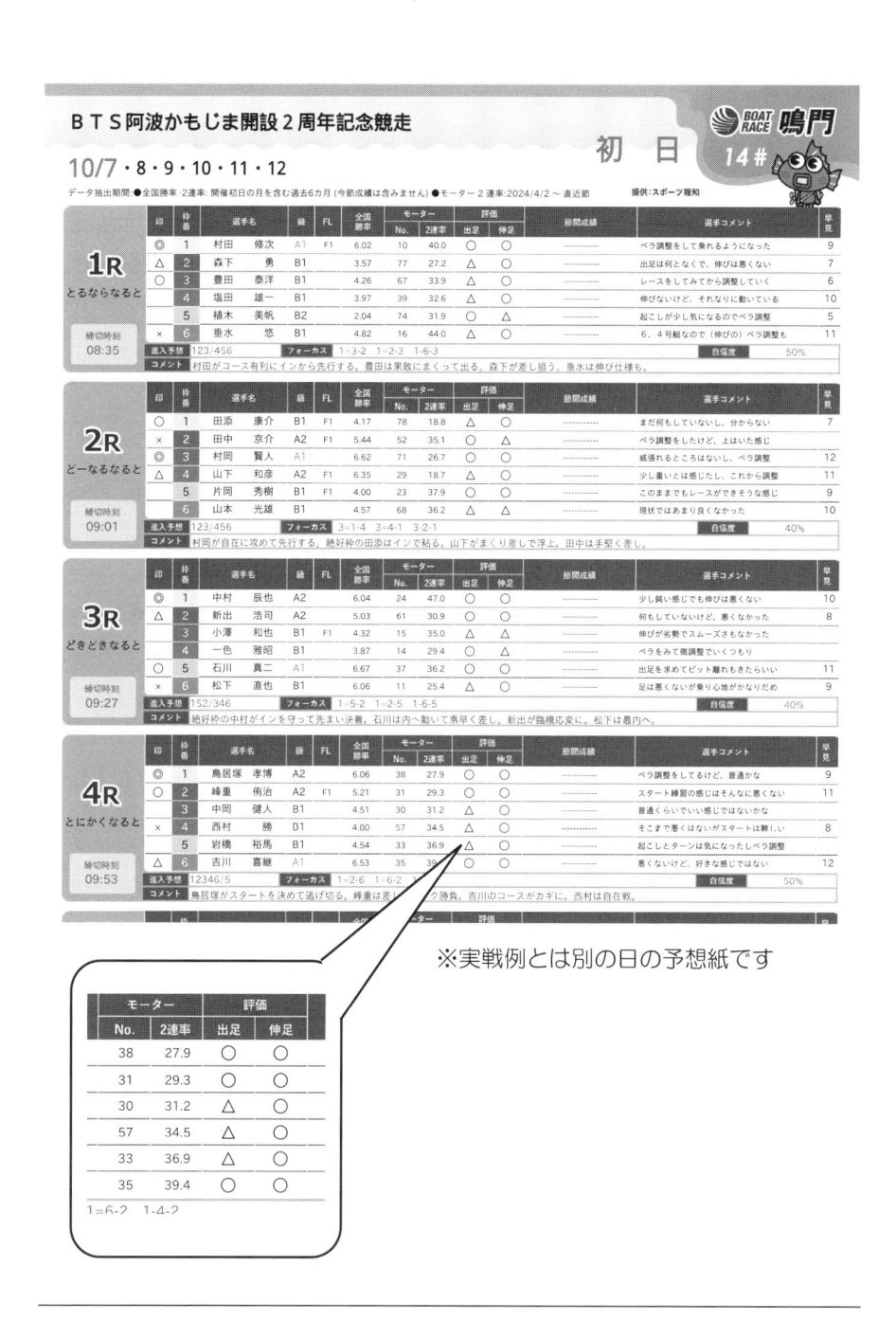

BTS阿波かもじま開設2周年記念競走

初　日

BOAT RACE 鳴門

14#

10/7・8・9・10・11・12

データ抽出期間：●全国勝率・2連率：開催初日の月を含む過去6カ月（今節成績は含みません）●モーター2連率：2024/4/2 ～ 直近節

提供：スポーツ報知

1R
とるならなると

印	枠番	選手名	線	FL	全国勝率	モーター No.	モーター 2連率	評価 出足	評価 伸足	節間成績	選手コメント	早見
◎	1	村田　修次	A1	F1	6.02	10	40.0	○	○	----------	ペラ調整をして乗れるようになった	9
○	2	森下　勇	B1		3.57	77	27.2	○	○	----------	出足は何となくで、伸びは悪くない	7
△	3	豊田　泰洋	B1		4.26	67	33.9	△	○	----------	レースをしてみてから調整していく	6
	4	塩田　雄一	B1		3.97	39	32.6	○	○	----------	伸びないけど、それなり動いている	10
	5	植木　美帆	B2		2.04	74	31.9	○	△	----------	起こしが少し気になるのでペラ調整	5
×	6	垂水　悠	A1		4.82	16	44.0	△	○	----------	6、4号艇なので（伸びの）ペラ調整も	11

締切時刻 08:35

進入予想 123/456　フォーカス 1-3-2　1-2-3　1-6-3　自信度 50%

コメント 村田がコース有利でインから先行する。豊田は果敢にまくって出る。森下が差し狙う。垂水は伸び仕様も。

2R
どーなるなると

印	枠番	選手名	線	FL	全国勝率	モーター No.	モーター 2連率	評価 出足	評価 伸足	節間成績	選手コメント	早見
○	1	田添　康介	B1	F1	4.17	78	18.8	○	○	----------	まだ何もしていないし、分からない	7
×	2	田中　京介	A2	F1	5.44	52	35.1	○	△	----------	ペラ調整をしたけど、上はいい感じ	
◎	3	村岡　賢人	A1		6.62	71	26.7	○	○	----------	感溢れるところみないし、ペラ調整	12
△	4	山下　和彦	A2	F1	6.35	29	18.7	○	○	----------	少し重いと感じたし、これから調整	11
	5	片岡　秀樹	B1	F1	4.00	23	37.9	○	○	----------	このままでもレースができそうな感じ	9
	6	山本　光雄	B1		4.57	68	36.2	△	○	----------	現状はあまり良くなかった	10

締切時刻 09:01

進入予想 123/456　フォーカス 3-1-4　3-4-1　3-2-1　自信度 40%

コメント 村岡が自在に攻めて先行する。絶好枠の田添はインで粘る。山下はまくり差しで浮上。田中は手堅く差る。

3R
どきどきなると

印	枠番	選手名	線	FL	全国勝率	モーター No.	モーター 2連率	評価 出足	評価 伸足	節間成績	選手コメント	早見
◎	1	中村　辰也	A2		6.04	24	47.0	○	○	----------	少し鋭い感じでも伸びは悪くない	10
△	2	新出　浩司	A2		5.03	61	30.9	○	○	----------	何もしていないけど、悪くなかった	8
	3	小澤　和也	B1		4.32	15	35.0	△	○	----------	伸びが劣勢でスムーズさもなかった	
	4	一色　雅昭	B1		3.87	14	29.4	○	△	----------	ペラをみて微調整でいくつもり	
○	5	石川　真二	A1		6.67	37	36.2	○	○	----------	出足を求めてピット離れきらいな	11
×	6	松下　直也	B1		6.06	11	25.4	△	○	----------	足は悪くないが乗り心地がかなりだめ	9

締切時刻 09:27

進入予想 152/346　フォーカス 1-5-2　1-2-5　1-6-5　自信度 40%

コメント 絶好枠の中村がインで先まい決着。石川は内へ動いて素早く差し、新出が臨機応変に。松下は艇内へ。

4R
とにかくなると

印	枠番	選手名	線	FL	全国勝率	モーター No.	モーター 2連率	評価 出足	評価 伸足	節間成績	選手コメント	早見
○	1	鳥居塚　孝博	A1		6.06	38	27.9	○	○	----------	ペラ調整をしてるけど、普通かな	9
○	2	峰重　侑治	A2		5.21	31	29.3	○	○	----------	スタート練習の感じはそんなに悪くない	11
	3	中岡　健人	B1		4.51	30	31.2	△	○	----------	普通くらいでいい感じではないかな	
×	4	西村　勝	B1		4.00	57	34.5	△	○	----------	そこまで悪くはないがスタートは難しい	8
	5	岩橋　裕馬	B1		4.54	33	36.9	△	○	----------	起こしとターンは気になったしペラ調整	
△	6	吉川　喜継	A1		6.53	35	39.4	○	○	----------	悪くないけど、好きな感じではない	12

締切時刻 09:53

進入予想 12346/5　フォーカス 1-2-6　1-6-2　自信度 50%

コメント 鳥居塚がスタートを決めて逃げ切る。峰重は差し□□□ク勝負。吉川のコースがカギに。西村は自在戦。

※実戦例とは別の日の予想紙です

モーター No.	モーター 2連率	評価 出足	評価 伸足
38	27.9	○	○
31	29.3	○	○
30	31.2	△	○
57	34.5	△	○
33	36.9	△	○
35	39.4	○	○

1＝6-2　1-4-2

第3R　予選

印	枠	選手名	級別	出・伸
◎	1	石田　章央	A1	△△
○	2	吉川　元浩	A1	○○
△	3	森高　一真	A1	○○
×	4	齊藤　仁	A1	○△
	5	江口　晃生	A1	○△
	6	上平　真二	A1	△○

 **舟券の組立て**

　１号艇石田の予想印が◎で、モーター評価の出足、伸び
が△です。このパターンが高配当予備軍です。しかし、こ
のレースは５号艇の江口晃生の前付けがあります。モー
ター評価でダブル△の石田は１コースを主張すれば、深い
１コースになり、助走距離を犠牲にしなければなりませ
ん。2、3コースから吉川が楽に捲る展開が想定されます。
②－③④⑥＝③④⑥の６点に絞ってもいいでしょう。モー
ター評価がダブル△なら１コースで残す展開は考える必要
はありません。

 **レース経過**

　江口の前付けで進入は①⑤②／③④⑥です。石田と江口は１００ｍポール前からの起こし。２マークから起こした吉川が全速でスリットを通過して伸びていきます。江口を捲り、その勢いで石田も捲りました。森高、齊藤が捲り差し、上平も差し、江口が小回り差しで残します。バックではこの４選手の２、３着争いになり、２マークを全速で回した齊藤が抜け出します。２周１マークで差した森高が３着に浮上してきますが、２周２マークでターンマークに接触して転覆、江口が巻き添えを食ってエンスト。上平が３着に上がりました。

レース結果

着	枠	選手名	進入	ST
1	2	吉川　元浩	3	0.08
2	4	齊藤　　仁	5	0.11
3	6	上平　真二	6	0.12
4	1	石田　章央	1	0.05
不	5	江口　晃生	2	0.07
妨	3	森高　一真	4	0.10

決まり手＝捲り

2連単	②－④	1,550 円	（8 番人気）
3連単	②－④－⑥	6,000 円	（26 番人気）

３日目の鳴門前日予想紙では１号艇のモーター評価に△のついていたレースは、３Rの他に１R、２R、４R、５R、６R、９R、１０Rとかなり多めでした。

　レース結果は、

```
 1R  1-3-5    1,320円
 2R  3-1-5    1,810円
 3R  2-4-6    6,000円
 4R  1-4-2    3,700円
 5R  3-1-6    7,500円
 6R  2-3-6    5,510円
 9R  5-3-1    6,370円
10R  2-4-3   15,370円
```

　１号艇が負けたレースは、８レース中６レースもありました。１０Rの万穴を含め、中穴に近い配当でした。舟券作戦の方向性を決める上で、いかにモーターが重要か理解できたと思います。

ボートレース鳴門

chapter 2-5 ボートレース専門紙を使って高配当を獲る

　コンピュータが普及する前は、ボートレース専門紙は舟券作戦に欠かせないものでした。レース場の予想屋さんも貴重な情報源として多くのファンが舟券作戦の参考にしていました。

　人気のある予想屋さんが場内のオッズを左右する時代があったと聞いたことがあります。ボートレース専門紙の本命印も、同じように場内オッズを決めていました。出走表に載っていないデータがボートレース専門紙にはありました。スタートタイミング、発順などはボートレース専門紙を見ないとわからないので、ボートレース専門紙の価格に関係なく、多くの人が利用していました。レース場へ行く電車の中がボートレース専門紙で埋め尽くされるといった光景が記憶にあります。

　しかし、コンピュータが普及するにしたがって、いろいろな最新データが提供されるようになってきました。今はスマホの時代です。当日の前走成績までスマホで見ることかできます。予選の得点率も逐次更新です。

　それでも高配当を獲りたい人や、レース場の指定席に入る人たちは、ボートレース専門紙を利用しています。データなどの見落としを嫌うからです。必要なときに必要なデータを見られるというのがボートレース専門紙の強みです。うまく活用すれば、高配当が飛び出しそうなレースを見つけることができます。専門紙は、現場の売店で購入するほかに、コンビニのマルチコピー機で販売されている「e新聞」でも取り出すことができます。

　ボートレース専門紙に載っているデータは、大きく分けて次の4つです。

> ・選手データ
> ・モーターデータ
> ・スタートデータ
> ・今節のデータ

　スタートデータは選手データ、今節のデータは選手とモーターデータが関係しており、ここにスタートデータも入ります。その中で高配当に関係してくるのがモーターに関するデータです。

　数字で表したものが一般的ですが、選手のコメントなどでもモーターの動きを把握できます。もちろん直前の周回展示を基本にした動きや各種データも舟券作戦には欠かせないものですが、あれこれと手を広げると高配当は獲れなくなります。特化した情報の方が高配当に向くものです。ここではモーターに関するデータに限定して実戦例を紹介します。

　ボートレース専門紙で高配当が出そうなレースを探す方法は、1号艇で1コースに入りそうな選手に人気が集まっているのに、何かしらの不安を抱えているレースです。どんな不安かと言えば、モーターの動きです。

必要なときに必要な
データが見られるのが
専門紙の強み！

●ファイティングボートガイド
2024年4月1日　大村・一般競走　11R特別選抜戦

　ここで注目するのは選手コメントです。最終日の特別選抜戦ともなると、実戦の積み重ねの中でコメントもこなれてきます。抽選でモーターを割り当てられた前検日のコメントは、選手もモーター調整が手探り状態に加え、他の選手との比較ができていないので、コメントの多くが「1回走ってみてから」です。実戦を積み重ねるごとにコメントの精度が高くなり、**最終日のボートレース専門紙の載るコメントは額面どおり受け取って構いません。**

 **実戦例 13** 2024年4月1日　ボートレース大村
おおむら桜祭り競走　最終日

第11R　特別選抜戦

印	枠	選手名	FL	コメント
◎	1	市橋　卓士	F1	「乗り心地こなくて」
○	2	高野　哲史	0	「出足伸びいい状態」
×	3	山本　梨菜	0	「全体的に良かった」
△	4	古場　輝義	0	「足は普通ですね…」
	5	田中太一郎	0	「かかりはそこそこ」
▲	6	山口　裕二	F1	「足は悪くなかった」

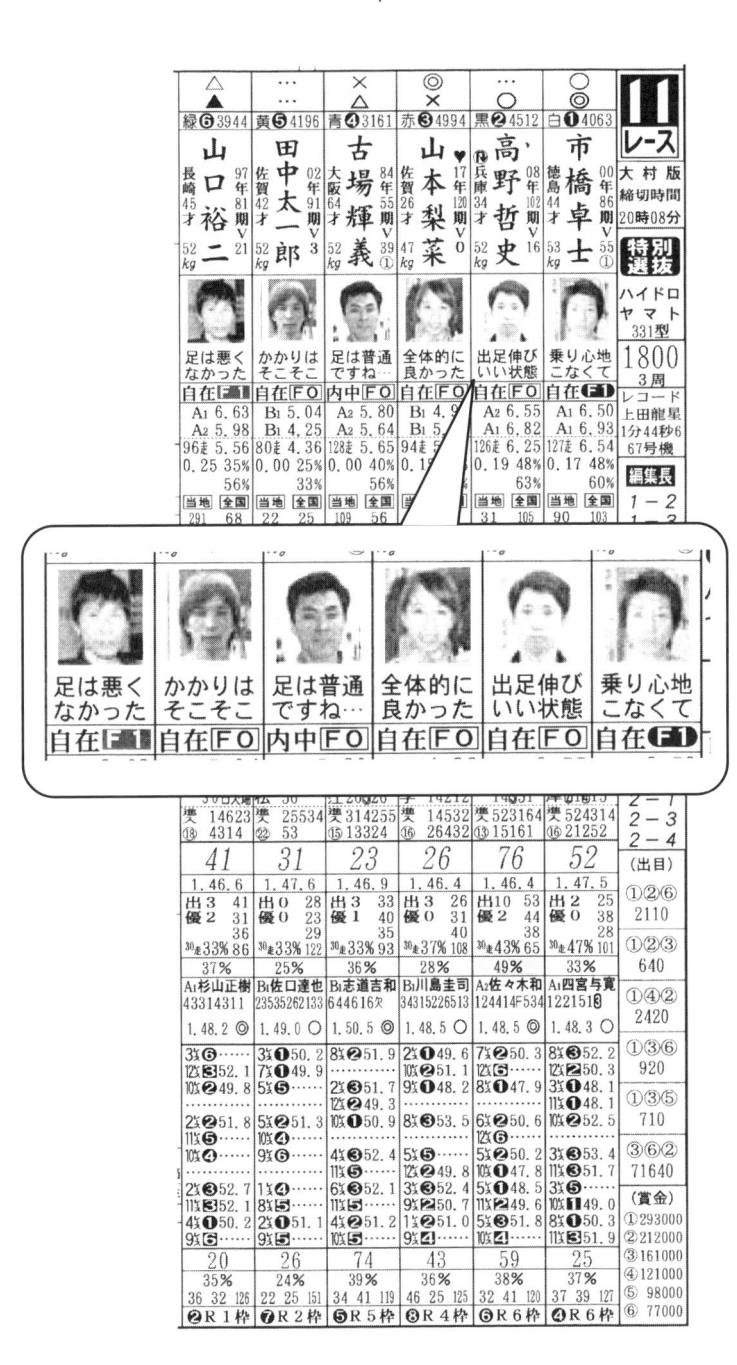

優勝戦のコメントでは「節イチ」や「ここに入ると弱い」と強気、弱気の
コメントが並びます。「節イチ」に大敗はありません。「ここに入ると弱い」
で優勝する選手はまずいません。
　特別選抜は準優勝戦の惜敗組なので、優勝戦メンバーのコメントと比較す
るとやや弱気なものが目立ちます。それでもモーターの出ている選手は強気
に、出ていない選手は弱気なコメントになります。

　１１Ｒのコメントを読むと、１号艇の市橋が「乗り心地こなくて」と弱気
です。「乗り心地」はボートレースの用語の中も比較的新しいものです。伸
び型から出足型にモーターを仕上げるのが主流になっていく中で、ターンに
関する用語が出てきました。
　ボートレースのターンは、右手でハンドルを持ち、左手でレバーを操作し
ます。ハンドルの切り方とレバーに握り具合でターンの仕方が変わって来ま
す。
　ここへ行きたいと思ってハンドルとレバーを操作するのですが、選手の意
志どおりにボートが進んで行けば「乗り心地が良い」になり、選手の思って
いるところへ行かない場合に「乗り心地が悪い」といった表現をします。本
来ならターンマークをきちんと回りたいのですが、思ったところへボートが
行ってくれないので「乗り心地が来ない」といったコメントになるのです。
どうしても慎重なターンになります。

　１号艇の市橋は予想印で本命の◎がついており、１号艇で１コースが取れ
るという理由で１番人気です。しかし、コメントを読めば「不安あり」です。
加えてフライング持ちです。まだ３０日間のフライング休みを消化していま
せん。２本目のフライングをすると６０日のフライング休みが追加になりま
す。４月末で級別審査期間終了直前です。強気のスタート勝負はしないもの
です。モーターに不安あり、スタートにも不安ありです。１番人気に推され
ても、信頼できません。

舟券の組立て

　市橋は不安を抱えているとは言え、Ａ１級です。ＧＩ優勝の実績もあります。１コースから何とか着に絡む舟券が必要です。相手は「出足伸びが良い状態」の高野です。その高野の決まり手を調べると、差し９回に対して捲りが１４回あります。２コースから差しに構えるのなら①＝②です。しかし、「伸びが良い」に加え、決まり手で捲りが多い選手です。市橋がスタートを慎重になるなら、高野の捲りが決まって、市橋が消えるシーンを考えなくてはなりません。高野から地元で「足（舟足）は悪くない」山口の２着、３着へ②−⑥＝③④⑤が必要です。

レース経過

　スタート展示と同じくコース取りで大きな動きはなく枠なり進入です。市橋は２マークを入ったところからの起こしで、１コースにしては十分な助走距離を確保していました。しかし、期末のフライング持ちということもあって、スタートはコンマ２２と立ち遅れ。２コースの高野はコンマ１４です。１マークに行くまでに楽に市橋を捲りました。市橋は小回りで残そうとしますが、高野に続いた山本にも前を塞がれます。差した山口が３着に上がり、市橋の追い上げを振り切りました。

📖 レース結果

着	枠	選手名	進入	ST
1	2	高野　哲史	2	0.14
2	3	山本　梨菜	3	0.16
3	6	山口　裕二	6	0.21
4	1	市橋　卓士	1	0.22
5	4	古場　輝義	4	0.19
6	5	田中太一郎	5	0.18

決まり手＝捲り

2連単	②－③	3,600 円	（6 番人気）
3連単	②－③－⑥	15,590 円	（28 番人気）

●ファイティングボートガイド
２０２４年４月6日　児島・GⅠキングカップ　7R予選

　ボートレース専門紙は数字と文字で埋め尽くされています。枠なり進入が増え、スマホで最新のデータを見ることができる時代に、ボートレース専門紙の必要性がどこまであるのかという声を聞きます。しかし、軽く舟券を買う人たちが増えれば増えるほど、ボートレース専門紙の価値が出てきます。

　データを読む力のある人は、データの背景まで読みます。そこにほとんどの人が知らない真のデータがあれば、高配当を獲るチャンスになります。

　みんなが知っているデータや情報を使って舟券作戦を立てても高配当は獲れません。データの中には「ノイズ情報」といって、大して役に立たないものも多くあります。

　ここでは超上級編に近いボートレース専門紙の見方を紹介します。ボートピア市原で買った舟券です。知り合いの多くが、同じような買い方をして高配当を手にしていました。ボートレース専門紙を使って、こういった見方ができるのだという例です。

　対象になるレースは２０２４年４月6日7Rです。GⅠ児島キングカップ開設７２周年記念３日目のレースです。

選手のコメントも
重要なデータだ！

実戦例 14 2024年4月6日 ボートレース児島

GⅠ 児島キングカップ 3日目

第7R 予選

印	枠	選手名	機番	2連率
◎	1	松井　繁	43	35％
○	2	関　浩哉	33	37％
×	3	末永　由楽	13	38％
△	4	島村　隆幸	60	42％
▲	5	安達　裕樹	24	28％
	6	渡邉　和将	12	30％

枠	選手名	コメント
1	松井　繁	「ちょっと出足甘い」
2	関　浩哉	「乗りやすさあった」
3	末永　由楽	「スタート行けばチャンス」
4	島村　隆幸	「まだ微調整できず」
5	安達　裕樹	「良くなさそうです」
6	渡邉　和将	「後半は合ってなく」

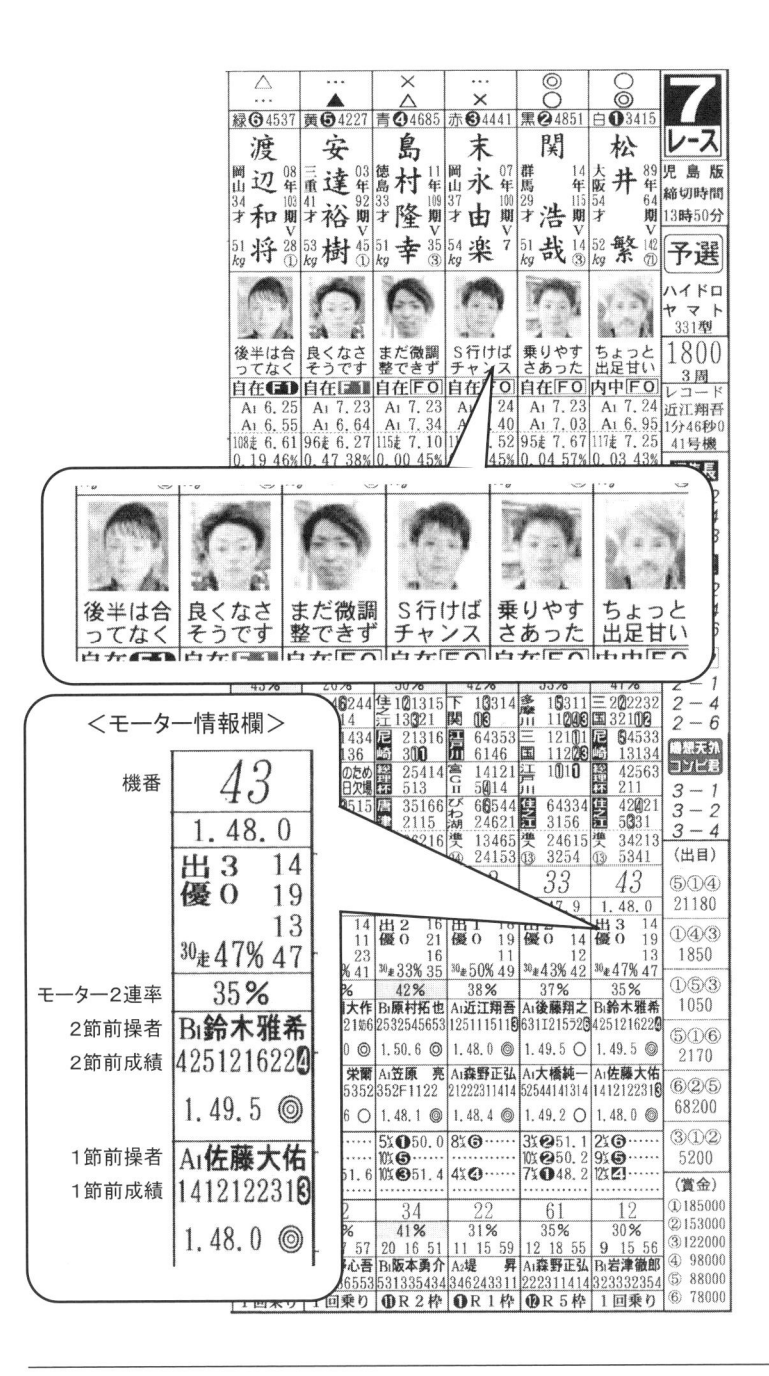

初日のドリーム戦に出場していた松井繁に1号艇が回ってきました。ここは松井のチャンスレースではないかと思う人が多いでしょう。実際、人気も松井に集中していました。しかし、ボートレース専門紙を持っている人は、「松井に不安あり」と読みます。コメントで「ちょっと出足が甘い」に引っ掛かるのです。モーター2連率が35％と中堅以上の数字です。本来なら「出足は悪くない」になるはずですが、そうはコメントしていません。

そこでボートレース専門紙のどこを見るかです。舟券を長い間買っている人ならモーター欄に必ず目をやるはずです。

＜43号機の成績＞
■2節前：鈴木　雅希（B1）　④②⑤①②①⑥②②優4
　　　　最高タイム1.49.5　◎
■1節前：佐藤　大佑（A1）　①④①②①②②③①優3
　　　　最高タイム1.48.5　◎

モーター成績だけを見れば連続優出なので問題はありません。B1級の鈴木が優出するほどです。悪いわけがありません。

ところが目の肥えた人なら、43号機はクセの強いモーターだというのがわかるのです。佐藤大佑は超伸び型にする選手の1人です。スタートをしてから伸びて1マークを全速で攻めます。攻撃型モーターです。同じように捲りの好きな選手が乗れば、良い成績を残すでしょうが、周年記念で引いたのは松井繁です。コーナー勝負の巧さが際立つ選手です。伸び型ではなく出足、回り足を仕上げてくる選手です。俗に言う相性の悪さが出るモーターなのです。

相性の悪さは初日の成績に出ました。1走目が6着、2走目が5着、2日目のドリーム戦が4着です。1走目は展示タイムが6.89で2番時計でした。伸び型に近い状態から出足型にプロペラを叩いても、超伸び型のプロペラは松井の好みの形にはなりません。それが「ちょっと出足が甘い」のコメントになるのです。

舟券の組立て

　レース前の周囲展示で松井繁は6.74の6番時計でした。出足型に持ってきたわけですが、舟券のキャリアを積んだ人から見れば「楽には勝てない」という見立てでした。攻める選手には反発をするタイプです。2コースの関が攻めれば反発があるのが読めます。カド戦になる島村隆幸を軸にした組み立てで、④＝②－③⑤⑥、④＝③－②⑤⑥です。松井の逃げから①－②＝④も押さえに必要ですが、荒れるレースになると読めば、押さえは必要ありません。

レース経過

　スタートで松井と関がコンマ17と遅れました。コンマ05のトップスタートを決めた末永が迷わず捲りです。1マークに行くまでに松井と関は完全に潰されていました。末永の捲りに乗って島村と安達が捲り差しを決めてきます。スピードの乗った捲り差しを決めた島村がバックで抜け出して1着。松井は小回りから立て直して追い上げますが6着。人気を集めた松井が着外なら高配当です。

📖 レース結果

着	枠	選手名	進入	ST
1	4	島村　隆幸	4	0.07
2	3	末永　由楽	3	0.05
3	5	安達　裕樹	5	0.06
4	6	渡邉　和将	6	0.15
5	2	関　　浩哉	2	0.17
6	1	松井　　繁	1	0.17

決まり手＝捲り差し

2連単	④－③	3,260 円	（12 番人気）
3連単	④－③－⑤	12,450 円	（47 番人気）

　ボートレース専門紙で、舟券作戦に直結するデータはたくさんあります。**優勝戦で必ず見て欲しいのが優出回数と優勝回数です。**ここ一番で勝負強さを発揮する選手かどうか、すぐにわかります。年間優出０回の選手は、優勝戦に乗ると守りに入ってスタートで無理をしません。

　最終日はスタートの切れ順も舟券作戦に直結します。トップスタートが並んでいる選手は最終日でもスタートで先手を取ります。

　着順傾向は１着軸にできる選手かどうかの判断に使います。決まり手と一緒に考えて行けば、レースの流れが読め、その結果として舟券の組み立ても見えてくるものです。

　膨大なデータを処理して紙面にしているボートレース専門紙は、使い方によっていくらでも発展していきます。スマホで安易に舟券を買う人が増えれば増えるほど、稀少価値が出てきます。高配当よりも本命党の人ほど使って欲しいと思います。本命は積み重ねたデータ、高配当は削いだデータが向いています。「データの向こうにドラマが見える」ではありませんが、ボートレース専門紙を読んでいると舟券作戦の新発見があるものです。

chapter 3

高配当を
獲るための理論

第29回オーシャンカップ
優勝者　茅原　悠紀（岡山）

 **人気を集めた選手が負けるパターン**

chapter 3-1

　ボートレースは全国で１年間５万５千レース行われています。モーニング、デイ、ナイター、ミッドナイトとフルタイムに近い開催です。５万５千レースで万穴と呼ばれる配当の出るレースは１万レース弱です。３連単が始まった頃は、３連単の万穴出現率は２０％くらいありましたが、現在は１コースの１着率が５０％を超えるようになって１７％と減少傾向です。それでも一つのレース場で１日に平均２レースの万穴が出ています。万穴を特別視する必要はありません。ただ、万穴といっても同じパターンで出現しているわけではありません。１コースが負けるという共通項はあるものの、１コースの負け方はいろいろなパターンがあります。

> ① ６コースのＢ級が一発を決めて、１コースのＡ１級をつぶす
> ② 強気に攻める選手、１着タイプが多いレースは、１マークで競り合いが起きやすい
> ③ Ａ１級が１号艇で人気を集めていても、その選手がスタートで立ち遅れる
> ④ 先頭を走っていた選手が事故で脱落する
> ⑤ 人気を集めた２選手が事故で脱落する
> ⑥ ４コースのカドからの捲りに人気が集まっていたが、捲り不発で５コースから差される
> ⑦ ４コースのカドからの捲りでスロー勢が潰されるはずが、残ってしまう
> ⑧ ４コース捲りと１コースが競り、スタートの遅れた２コースが差し抜ける

　この他にも万穴が飛び出す展開があります。
　以下は、万穴の飛び出すパターンを整理したものです。パターンにはまりそうなレースがあれば、舟券作戦の方向性は「高配当狙い」です。

パターン1 「スタートで遅れる」

スタートで遅れる原因の一つは、モーター性能に関係しています。ボートレースは「フライングスタート法」を採用しており、大時計が0秒を指してから1秒以内にスタートすれば「スタートOK」です。

選手は、ボートレーサー養成所での訓練時代に1000本を超えるスタート練習を行います。徹底して叩き込まれるのが「定時定点」です。大時計の針が何秒前を指したときにどの位置にいれば良いかを教えられます。デビューしてからも、この考えを守ってレースに臨みます。ただ、ボートレースのモーターは抽選で割り当てられます。排気量396.9ccの2サイクル2気筒モーターです。外形は同じでも、1年間にいろいろな選手が使用することで、性能差が出てきます。ボートレース場がある場所によっても標高と気圧が違うので、性能が変わってきます。その度に定時定点を修正しなければなりません。

気温や気圧が変わるとモーター性能も変わってきます。ボートレースで使うモーターにはメーター類はついていません。すべて体感頼りです。プロペラの形を変えたり、燃料の供給量を変えます。気象条件が変わったときなどに調整ミスが起きます。

最近の例を挙げると、2023年グランプリシリーズの優勝戦です。

スタート展示から1号艇で1コースを取った関は遅れ気味でした。本番レースはスタート展示よりもさらに遅れて、2コースの深谷に一気に捲られました。関は1コースの平均スタートがコンマ13の選手です。それがコンマ43と信じられないスタートになったわけです。ここまで極端ではなくても、そういった危うさを秘めているのがボートレースのスタートなのです。

関の場合は、スタート展示から仕掛けで遅れていました。本番レースのスタートに不安がなかったわけではありません。それを見極めていた人は、深谷が捲るかもしれないと判断して舟券作戦を立てていたかもしれません。

2023年12月24日　ボートレース住之江
SG　グランプリシリーズ

第11R　優勝戦　天候：晴　風：無風0cm　波1cm

着	枠	選手名	進入	ST
1	2	深谷　知博	2	0.22
2	6	篠崎　元志	6	0.21
3	4	前田　将太	4	0.21
4	1	関　　浩哉	1	0.43
5	3	佐藤　　翼	3	0.30
6	5	岡崎　恭裕	5	0.16

決まり手＝捲り差し

2連単	②-⑥	6,660 円	（20番人気）
3連単	②-⑥-④	38,470 円	（88番人気）

● 前検日にわかるスタート勘のズレ

　スポーツ新聞や専門紙のコメントで「スタートが見えていない」「スタート勘がつかめない」とあれば、いくらA1級が1コースに入っていても、スタートに不安ありと思ってください。

　選手の多くは、全国のレース場の定時定点をメモしています。走ったレース場、モーターの2連率、気象条件、枠番、コース、起こし位置、タイミングなどを書いたノートを持っている選手もいます。記憶の良い選手なら頭の中に叩き込んでいます。

　レースに行くと、まず前検日にスタート練習を3本やります。そのときにそれまでの経験を基準にしてスタート練習をやります。

　自分の思っている勘とタイミングが同じなら「スタートが見えている」になりますが、それがズレていると「見えていない」になるのです。レース当

日にスタート特訓などがあるので、そこでレバーを握るタイミングを修正していきます。それでも「見えていない」のなら、自信を持ったスタートができません。フライングはできませんから、大時計の針がをスタートラインを通過する直前まで確認してスタートします。スピードの乗ったスタートは期待できません。これもまたスタートで立ち遅れる要因の一つです。

● モーターが反応しないとスタート遅れ

選手が嫌がるのが、レバーを握ってもすぐに加速しないモーターです。スピードの乗りが悪いモーターです。そんなモーターに当たると、早目にレバーを握るしかありません。それでも加速が悪いとスタートで遅れます。

そんなモーターを手にした選手は「起こしが悪い」「出足がない」といったコメントをします。不安を抱えたままのスタートになります。それをカバーするために早目にレバーを握るというやり方があります。「早起こし」と呼ばれるものです。

選手はスタートをするときに80−85m（白黄）と45m（白青）の空中線と自分のボートの位置を確認します。早起こしをすると、いつものレースで見ている空中線の位置が違って見えます。自信を持ってスタートができない要因になります。いずれにしても出足の弱いモーターだとスタートで遅れる危険性があると思ってください。

● スタート事故のペナルティー

フライングスタート法を採用している関係で、ボートレースのスタートは「フライング」と「出遅れ」が起きます。大時計がゼロ秒よりも早くスタートラインを越えると「フライング」、1秒よりも遅れてスタートラインを通過すると「出遅れ」です。スタート事故と呼んでいます。フライングや出遅れが起きると、該当する選手は欠場扱いになり、舟券が返還されます。返還した分だけ売上がなくなるので、選手責任のスタート事故を起こした選手に

はペナルティーが課せられます。

　級別審査期間の欠場期間は、
フライング1本　＝30日間の欠場
フライング2本　＝60日間の欠場
フライング3本　＝90日間の欠場
選手責任の出遅れ＝30日間の欠場
※非常識なF（＋05以上）は5日間追加

　選手責任のスタート事故を起こした選手には、出走表で「F1」と表記され、すでに入っているあっせんを消化してから欠場期間に入ります。
　ところが級別審査が更新になる5月1日と11月1日は、すべてゼロからのスタートになるので、F1は表面上消えます。問題はまだフライング休みを消化していない選手です。出走表には「F0」なのに、実質フライングを持っているのと同じ状況の選手がいるのです。際どいスタートが行けるわけがありません。

　この他にもスタートが遅れる要因はいくらでもあります。これは今村豊さんから聞いた話です。今村さんはスタートをするときは150mの標識板からレバーを握っていました。85mで確認しますが、このときにスタンドの椅子の何番目といった目標物を持っていました。ところが観客がたくさん入った日は、水面際にお客さんが並ぶので、スタンドの椅子が見えなかったそうです。標識板の延長線上にある目標物が見えないのでは、正確な位置が確認できません。すごく焦ったと話してくれました。同じようなことは、新スタンドになったときにも起きます。

column ☕ 舟券即戦力

「期末勝負、攻める選手か、守る選手かを見極めろ」

　ボートレースの級別審査は年2回です。級別によって月間の稼働日数や出場できるグレードも変わります。収入を増やすために、選手は一つでも上の級別を目指します。

　4月、10月は級別審査の最終月です。A1級は6.20、A2級は5.45あたりがボーダー勝率です。級別ボーダーの選手の勝負駆けがあります。ただ、級別審査は勝率だけでなく、出走回数、2連率、3連率、事故率も級別審査の対象になります。そのため無事故完走を目標にする選手も出てきます。その見極めが舟券作戦で重要になります。攻める選手と守りに入る選手の心理状況を読まなければなりません。

●ボートレーサーの平均年収
　A1級（320名）…3000万円　月間稼働日数　14日
　A2級（320名）…1800万円　月間稼働日数　14日
　B1級（800名）…1100万円　月間稼働日数　12日
　B2級（160名）…　500万円　月間稼働日数　　8日
　全選手平均年収　　…1800万円

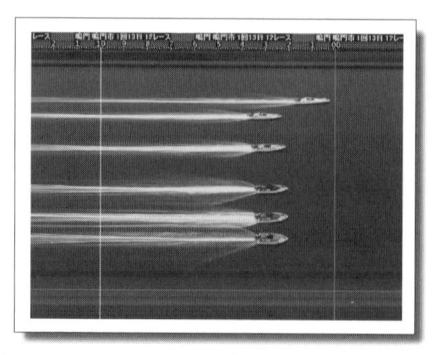

スタートで先手を取れれば勝つチャンスが増える

パターン2 「ターンで失敗する」

　人気選手が負ける現象の一つに「ターンの失敗」があります。ターンマークを中心にして同心円を描けば問題がありませんが、ターンマークを外す、ターンで流れる、ターンで暴れるといった現象です。走る側からすれば、きれいにターンマークを回りたいのですが、それができない理由があるからです。

　ボートレースは絶えず進化しています。ターンも大きく変わってきました。今村豊が「全速ターン」でスピードターンの時代を作り、植木通彦が「モンキーターン」でさらにレベルアップしたターンの時代を切り拓きました。実は全速ターンにしろ、モンキーターンにしろ、いずれも先駆者がおり、この二人が完成させ、結果を残したという意味で代表者なのです。

　ボートレースは年間約5万5千レース行われています。毎回与えられたモーターでレースをするわけですが、どうやれば勝てるかを選手は常に考えています。レバーとハンドルの操作だけでなく、乗艇姿勢も変えながら最速へ挑戦しています。毎回のレースがテストランのようなものです。

● ターン技術は進化を止めない

　新発想のターンは、小さな挑戦の積み重ねで生まれる場合もあれば、偶然の産物で生まれる場合もあります。きっかけがどうであれ、勝てば他の選手がすぐに真似をしてきます。負け続けては、この世界で生き残れないからです。新発想のターンは早いスピードで普及するものです。そこでまた新たな挑戦がスタートするわけです。

　モンキーターンは、競馬のモンキー乗りからその名称が生まれましたが、誕生の秘話は二つあります。身体が硬い飯田加一さんがウインドサーフィンのフォームにヒントを得てボートのターンに持ち込んだというのが一つの説です。もう一つの説は、長崎支部の古川文雄さん。古川さんは　長身で当時のボートのコクピットが狭すぎたそうです。ターンの時に上体を起こし、カウリングに腰掛けるようにしたところスムーズにターンができました。それ

から古川さんは左側のカウリングに腰掛けるターンをやっていました。

　では、なぜ座ったままのターンをモンキーターンが駆逐したのかです。その鍵はターンの時のボートの安定性でした。

　モンキーターンは、ボートの中で立ち上がることで重心位置を自由に変えられます。ターンの初期に早くボートを安定させることができれば、次の動作に移れます。ボートの中で座ったままボートが安定するのを待つのと、自分から重心位置を変えてボートを安定させるのでは、自分からやった方が早くできます。レバーを早く握れる分だけ、モンキーターンがターンマークを早く抜け出せるのです。

● ターン用語も進化を止めない

　ターンに関する用語も変わって来ました。ボートに身を任せたままの坐位ターンと比べると、モンキーターンは重心位置の移動でターンを操作できるというメリットもあります。格段にターンの旋回半径を小さくすることができました。

　そんな中から生まれた用語が「乗り心地」「乗りやすさ」でした。モータースポーツの用語には似つかわしくないとしても、ボート選手が使うので、それが一般化していきました。ターンのときに、自分が行きたいところへ行けるのが「乗り心地」「乗りやすさ」です。「乗り味が良い」と言う選手もいます。

　オートレースにも似たような用語があります。「ドドド」です。排気音かと思っていましたが、そうではありません。タイヤが路面に対して跳ねるようなときに使っています。不安定な動きなので、マイナス材料です。ボートの「グリップ感」と似たものかもしれません。

　ボートレース、オートレースは早くゴールに入った者の勝ちです。総合的なスピード勝負です。スピードを阻害するものがあれば、勝ちが遠のきます。ターンに関する不安を抱えたままレースに臨めば、どんなに勝率の高い選手であっても負ける可能性が高くなります。

　ボートレースはモーター抽選があります。モーターにはプロペラが装着されています。プロペラが1回転するときに進む距離をピッチと呼びますが、

伸びを重視する選手はそれをきつくするのが一般的です。「プロペラを立てる」と選手は呼んでいます。出足を重視するのは「プロペラを寝かす」です。見た目ですぐにわかるほど形が違います。

　伸び型になっているプロペラは、次も同じように伸びを重視する選手が乗れば問題ありません。しかし、まったく違うタイプの選手が乗るとどうなるかです。前操者が残したような成績を残せないかもしれません。伸び型のプロペラを出足型に変えるまで、時間が掛かります。その間は不安を抱えたままのレースです。新しいプロペラに換わったときも同じです。前操者と体重差があるときもプロペラの調整に時間が掛かります。

1マークの攻防で勝負が決まる

● プロペラ交換の取捨のポイント

　２０２４年１月に大村で開催されたＢＢＣトーナメントは、関浩哉が優勝しました。このシリーズのスポニチに舟券作戦に役立つ情報が載っていました。スポニチ大村担当の高橋大樹記者のコラムです。内容は、「プロペラ交換をした選手の成績が悪い。選手に取材してみると、交換したプロペラが微妙に厚いのではないか」というものでした。初日にプロペラ交換して新プロペラになったのは、馬場貴也、毒島誠、仲谷颯仁、高橋竜也の４選手でした。４選手の成績は次のとおりでした。

馬場貴也　①⑥③準２決５
毒島　誠　⑤④①②⑤③
仲谷颯仁　④④⑥⑤④⑥
高橋竜也　⑤②⑤④④①

● プロペラ重量±１グラムは許容範囲

　成績を見る限り、高橋記者の指摘が合っているように思えます。問題は「プロペラが微妙に厚い」というのが現実にあるのかどうかです。それが事実だとすれば、新プロペラになるとそれまでと違う動きになってきます。舟券作戦に関わる問題です。

　プロペラ交換は、ヒビが入ると交換します。事故で形状が大きく変わったときも同じです。交換は無償ですが、選手が落としたり、水中に落として見つからなかった時は、選手が弁償しなければなりません。プロペラの価格は２万円強です。

　ボートレースで使うプロペラは、ヤマト発動機が製造しています。「Ｓ１ー改型」が製品名です。製造枚数は年間約２５００枚です。２枚羽根で、直径１８７ミリ、ピッチ（１回転で進む距離）２１５ミリ、重量は３７３±１グラムです。±１グラムの誤差が許容範囲に入っています。±１グラムですから製品によって最大で２グラムの差が出てきます。「微妙に厚いのでは」という選手の指摘は、あながち間違いではありません。

● 最終仕上げは人の手で加工

＜プロペラができるまで＞
　① 日立マテリアルがアルミニューム青銅の鋳造品を一括して納品
　② ヤマト発動機でＮＣ旋盤を使って加工
　③ プロペラの先端部を０.７ミリまでパフで加工

　１、２の過程のプロペラは、すべて同じ形状です。しかし、３の過程で人の手が入ります。先端部をパフで削るわけですが、この時に微妙な差が生じます。重さだけでなく、削る個所に微妙な差が生じます。ベストな状態かベターな状態かは「使ってみないとわからない」です。

　水の抵抗は、空気抵抗の８００倍もあります。その中で１分間に６０００回転もしているのです。一般船舶だと１分間に約１００回転ですから、それこそ未知の領域でレースをしているのです。結論から言えば、プロペラ交換をした選手の１走目は様子見した方が良いでしょう。コメントが良ければ２走目から買えば良いし、悪ければ、そのシリーズは「外し」の対象になります。

　ボートレースはターンマークで１８０度向きを変えます。モーターに一番負荷のかかる瞬間です。モーターにパワーがないと水に跳ね返されます。ボートがターンで暴れるのは、水に跳ね返されているからです。推進力を引き出せるようなプロペラが最適なプロペラです。それがうまくいかないとターンで遅れを取ってしまいます。プロペラに関する取捨のポイントが分かれば、人気を集めた選手が負けて高配当の飛び出すレースがわかります。

「イン小回りは3絡み、全速逃げは2絡み」

　1コースが圧倒的に強い最近のレースですが、1コースが1着になったとしても、3連単の舟券は20通りあります。オッズは低いので、舟券を絞らないと「取りガミ」になるリスクがあります。取りガミを避けるためには、まず2着を確定させる必要があります。「展開を読む」という作業です。そのときに参考になるのが、1コースの選手の走り方です。1コースの選手はスタートに集中して、スリットを過ぎてから外側の動きを見ます。1マークに行くまでに外側の選手がどういった動きをするかを読みます。1マークが近づくと視線はターンマークの方を向くので、そこからは外側の動きを予測して小回りで逃げるか、全速で逃げるか決めます。そこからは外側の動きは見えません。2コースから外の選手も1コースの動きを予測して動きます。1コースが小回りなら2コース差しは封じられるので、3コース全速で浮上、1コースが全速なら2コース差しが決まります。

調整力がモーターの力を引き出す

パターン3 「競り合いが起きる」

　選手の実力が同じ、モーター性能も差がないようなレースでが高配当が飛び出すのは、競りがあるケースです。競りは**「コース取り」「1マークの競り合い」「コーナーの競り合い」**があります。

　コース取りで競り合いをする選手は、ベテランの限られた選手です。西島義則、西田靖、江口晃生、田頭実、今村暢孝、深川真二、石川真二、清水紀克くらいしかいません。

　こうした選手のいるレースでは、進入が深くなります。

　1号艇に組まれた選手にすれば、せっかくもらった1号艇なので1コースは譲れないという気持ちになります。もし、前付けする選手に1コースを取られて逃げられてしまえば、自ら負けを選択したことになります。他の選手も注目しています。「あの選手ならコースを譲ってくれる」と思われると、次に1コースが取れなくなります。それを避けるためにも1コースは譲れないのです。助走距離を犠牲にしてまで1コースを死守する理由は、ここにあるのです。

　スタートの起こし位置が読めないと、1マークの展開も読めなくなります。「インの競り合い、捲りの餌食（えじき）」も起きます。その結果、誰が勝っても中穴になります。

コース取りで競り合う
のは限られた
ベテラン選手

GⅠ　唐津ダイヤモンドカップ　4日目

第10R　予選

枠	選手名	支部	級別
1	新開　　航	福岡	A1
2	馬場　貴也	滋賀	A1
3	北野　輝季	愛知	A1
4	久田　敏之	群馬	A1
5	深川　真二	佐賀	A1
6	末永　和也	佐賀	A1

■レース結果

着	枠	選手名	進入	ST
1	6	末永　和也	6	0.18
2	4	久田　敏之	5	
3	2	馬場　貴也	3	
4	3	北野　輝季	4	
5	5	深川　真二	2	
6	1	新開　　航	1	0.14

5コースの深川真二が
コース取りで競り合い
2コースへ

決まり手＝差し

2連単	⑥−④	9,280 円	（25 番人気）
3連単	⑥−④−②	52,500 円	（96 番人気）

　１マークの競り合いは、選手の走りによって変わります。「１着が取れなければ着外と同じ」と考えている選手がいます。着順傾向は１着数が突出しています。１着か着外かといった成績です。そんな選手が複数いると、１マークで競り合いが起きます。かつて「インの鬼」と呼ばれた選手は、「差されるのは許せるが、捲られるのは許せない」と言っていました。こうした選手が１コースにいると、捲りで攻めてくる選手に反発します。

　捲りに反発する選手は、コーナー勝負でも競り合います。先行艇に対して切り返し気味に突進するのです。不良航法を取られるかどうかのギリギリの線まで突進します。先行する選手はたまったものではありません。無謀な競り合いの結果、人気薄の選手が浮上して高配当になるのです。

無謀な競り合いの結果、
人気薄の選手が浮上し
て高配当になる

舟券即戦力

「前づけ選手の2着受け」

　枠なり進入が全盛の時代に逆らうかのよう前付けをするベテランがいます。西島義則、西田靖、田頭実、江口晃生、今村暢孝、深川真二、石川真二といった選手です。

　外枠から前付けすると進入が深くなり、スタートをするときの助走距離が犠牲になります。本来ならダッシュ勢の餌食になるはずですが、前付けする選手は独自のモーター調整とプロペラを叩きます。レバーを握るとすぐに加速するような仕上げです。短い助走距離でもすぐにスピードが乗るようにしています。これは、スタートだけでなく1マークのターンでも生かされます。捲ってくる選手に対して小回りで応戦します。以前だと競り合いに持込んでいたものですが、共倒れをすれば5着か6着です。それでは勝率が上がりません。そこで小回りからしのぐ走りをして2着に残すのです。小回りからすぐに加速するので、捲られそうで捲られずに2着に残るのです。

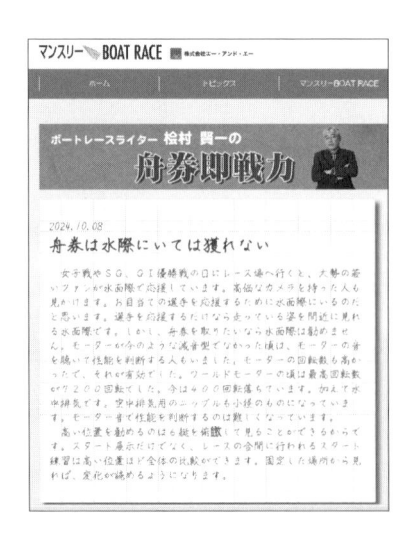

舟券即戦力がスマホでも読める！

パターン４ 「モーターが劣勢」

　峰竜太と言えば、５年連続で年間最高勝率をマークするなど、「Ｋｉｎｇ
ｏｆ　Ｋｉｎｇ」と呼ばれる存在です。ペナルティーで欠場期間があった
ものの、復帰後の２０２３年にＳＧダービーで優勝して、２０２３年グラン
プリの出場を果たしています。

　２０２４年の峰のスタートは、地元唐津の第６４回佐賀県選手権からでし
た。手にしたモーター３７号機は２連率２７.２％のワーストに近いモーター
でした。パワーに不満のあった峰は、すぐにピストン２本、リング３本の交
換をして１２Ｒのドリーム戦にのぞみました。１号艇なので峰に人気が集中
です。ところが、ドリーム戦で峰はコンマ０１のスリットオーバー。なんと
９８００万円の売上のうち、９５００万円を返還しました。

●峰竜太の2024年唐津・第64回佐賀県選手権の節間成績

■初日　第12Rドリーム戦

着	枠	選手名	進入	ST
1	4	上野真之介	4	0.07
2	5	古賀　繁輝	5	0.11
3	6	末永　和也	6	0.14
4	2	宮地　元輝	2	0.02
5	3	定松　勇樹	3	0.01
F	1	峰　　竜太	1	F 0.01

決まり手＝恵まれ

2連単	④—⑤	1,140 円	（7 番人気）
3連単	④—⑤—⑥	2,030 円	（5 番人気）

■2日目 第7R 予選

着	枠	選手名	進入	ST
1	1	竹田 広樹	1	0.12
2	5	峰 竜太	5	0.19
3	2	安河内 健	2	0.06
4	4	横田 貴満	4	0.14
5	6	渡邊伸太郎	6	0.20
6	3	山崎 鉄平	3	0.08

決まり手＝逃げ

2連単	①—⑤	680 円	（3番人気）
3連単	①—⑤—②	2,010 円	（3番人気）

■2日目 第11R 予選特選

着	枠	選手名	進入	ST
1	4	酒見 峻介	4	0.13
2	5	松江 秀徳	6	0.13
3	2	峰 竜太	2	0.17
4	6	武富 智亮	5	0.16
5	3	常住 蓮	3	0.16
6	1	森永 淳	1	0.12

決まり手＝捲り

2連単	④—⑤	2,670 円	（9番人気）
3連単	④—⑤—②	4,970 円	（17番人気）

■3日目　第9R 予選

着	枠	選手名	進入	ST
1	5	高田　明	5	0.15
2	6	峰　竜太	6	0.14
3	2	大久保信一郎	2	0.16
4	1	山口　高志	1	0.19
5	3	竹田　広樹	3	0.17
6	4	小野　勇作	4	0.19

決まり手＝抜き

2連単	⑤－⑥	1,620 円	（7 番人気）
3連単	⑤－⑥－②	5,910 円	（25 番人気）

■4日目　第9R 予選

着	枠	選手名	進入	ST
1	1	熊本　英一	1	0.11
2	3	中島　昂章	3	0.11
3	2	松江　秀徳	2	0.10
4	6	峰　竜太	6	0.13
5	5	藤田　浩人	5	0.13
6	4	久富　政弘	4	0.15

決まり手＝逃げ

2連単	①－③	1,480 円	（7 番人気）
3連単	①－③－②	5,030 円	（24 番人気）

■5日目　第9R 一般

着	枠	選手名	進入	ST
1	1	大久保信一郎	1	0.10
2	2	眞鳥　章太	2	0.15
3	4	北川　太一	4	0.18
4	5	町田　洸希	6	0.24
5	3	森永　　淳	3	0.14
6	6	峰　　竜太	5	0.23

決まり手＝抜き

2連単	①－②	1,760 円	（8 番人気）
3連単	①－②－④	8,020 円	（32 番人気）

　初日でフライングをした峰は、2日目以降はスタートをコンマ15に設定したかのように無理なスタートをしていません。それでも「峰なら何とかしてくれる」という期待もあって人気を集めていました。しかし、5日目が終わって途中帰郷するまで1勝もできませんでした。

　峰が一般戦で未勝利に終わったのは、2017年の浜名湖戦以来です。それ以前にさがのぼっても、2006年の江戸川戦までありません。それほど珍しいケースです。フライングをした上にモーターが劣勢なら、峰でも負けることがあるのです。それほど「モーターの性能はボートレースに不可欠なもの」と考えるべきでしょう。

　モーターを抽選で選手に割り当てるというやり方は、ボートレースが始まった頃から実施していました。均等に勝つチャンスを与えることで、選手にやる気を起こさせるという狙いです。

　ところが、びわこでモーターのオーナー制をやったことがありました。選手持ちモーターです。元選手の東根浅雄さんが書いた「水は燃えているか」で読んだ記憶があります。部品交換が自由にできるので、どの選手も十分に

実力を発揮できると思っていたそうです。ところが現実は違っていました。１着を取った選手が新しい部品を購入してパワーアップを図ったのに対して、勝てない選手は部品を購入することができず、走るたびに性能差が開いていったそうです。走る前から勝つ選手と負ける選手がわかったのではギャンブルになりません。すぐに廃止になったそうです。それ以降は、現行ルールのようにモーター抽選を行うようになりました。

　選手がレースで使用するモーターは、ヤマト３２１型のすべて同じ規格のものです。厳格な検査をパスしてレースに使われます。使用期間は１年間です。１年も使用すると部品の摩耗などで性能差が大きくなるので新モーターに切り替えます。

　ボートレースで使用するモーターは約４００点の部品で成り立っています。金属ですが、熱を持つと膨張します。すべての部品が同じように膨張すれば問題がありませんが、中には膨張の度合いが微妙にずれるものが出てきます。そうすると見た目ではほとんどわからなくても変形が起きます。それが１分間に６０００回転以上もするモーターの抵抗となって回転の上がりが遅くなります。初使用のモーターから性能差があるのは、これで説明がつきます。部品交換が認められているものの、悪いモーターが簡単に直るといったことはありません。

　女子選手の平山智加がYouTubeでモーターの解説をしていましたが、部品交換をしてモーターが直る確率は１０分の１とのことでした。モーターが出ていないから部品を換えてみる。ダメなら次の部品を換えてみる。この繰り返しだそうです。

　モーター抽選がある以上、どんな選手でもワースト機を引くことがあります。ＳＧで活躍している選手だから優遇されるわけではありません。ワースト機を引いたときに、選手がどれほどの成績を残せるかです。スタートやターンスピードでカバーするといっても限界があります。峰の例ではありませんが、ＳＧで走っている選手が一般戦で負ける理由は、モーター性能に関係していると考えておくべきでしょう。知名度の高いスター選手が負ければ負けるほど高配当が飛び出すものです。

舟券即戦力

「3が下手なら2コース差しが決まる」

　航法のルールが厳しくなってから、「2コースが勝てなくなった」と言われています。スタートしてから早目に内側に絞るのは「内側艇保護違反」で不良航法を取られます。事故艇が出ると妨害失格になるケースもあります。

　一方、外側へ張る走り方は、「スタート後ゴールインするまでの間、他のモーターボートと接近して並行している場合は、そのモーターボートに向けて転舵してはならない」に抵触するので、これも不良航法、妨害失格の対象になります。そのため2コースの選手が「外を止めて差す」のが難しくなっているのです。

　3コースに全速で攻めるような選手がいると、差しに構えると全速で浴びせかけられます。航跡にはまって大敗です。ただし、3コースが差し癖のあるような選手なら、余裕をもって差しに構えることができます。角度を持った差しになるので差し切りが可能になります。

峰のターンは理論に裏付けされている

パターン5　「強いＡ１級の配置でレースが決まる」

　ボートレースの番組は番組編成員（番組マン）が組んでいます。選手の級別はＡ１級、Ａ２級、Ｂ１級、Ｂ２級の４段階です。Ａ１級が最上位の級で、全選手の勝率上位２０％です。

　一般競走の場合、出場する選手は４２名～４８名です。シリーズによってＡ１級、Ａ２級、Ｂ１級、Ｂ２級の構成人員に多少の変動がありますが、４２名のあっせんだとＡ１級１０名、Ａ２級１０名、Ｂ１級２０名、Ｂ２級２名といったところでしょうか。競合するＧＩがあれば、Ａ１級が減り、Ａ２級が増えます。

　どんなレースでも６艇で争うボートレースの各レースの組み合わせは原則として総当たり制を採用しています。しかし、現実は強いＡ１級をどうやって配置するかが番組マンの腕のみせどころです。本命レースにするのは、１号艇にＡ１級を組めば良く、高配当を出すには、Ａ１級に勝てないような組み合わせにすれば簡単です。「２回走り」という制度があり、前半のレースでＡ１級が１号艇なら、後半は中枠か外枠に組まれます。

● １号艇で人気になっても死角はある

　１コースの１着率が５０％を超える最近のレースでは、１コースを取りやすい１号艇は勝つチャンス到来です。逆に６枠で６コース回りになるとどうでしょうか。１着率は２％です。いくらＡ１級といっても簡単に勝たせてもらえません。実力が拮抗しているＳＧやＧＩでも６枠で６コースになると人気になることはありません。しかし、一般レースだとＡ１級だから何とかしてくれるのではないかと人気になります。そんなときにＡ１級が着外になれば高配当になるのです。

　１号艇で１コースが取れるからといって１着を取れるとは限りません。１コースが勝つには、２コースがカベ役をするだけでは十分ではありません。４コースに守りの選手がいるのも条件に入れなくてはなりません。あえて２、３コースにスタートの遅いベテランを入れ、４コースのスタートの早い捲り

を得意とする選手を入れると、きれいに捲りが決まります。

　前付けをするベテランを外枠に入れると、1号艇は助走距離を犠牲にした進入になるので、勝つか負けるかのレースになります。

　ボートレース格言に「1にモーター、2に番組、3、4がなくて、5に選手」というのがあります。どういった枠番に入れられ、どういった選手と対戦させられるかは、番組マンが握っているのです。高配当が出るような番組作りもできるということです。

番組編成委員（番組マン）
は高配当が出る番組を
作ることができる

column

☕　舟券即戦力

「格上を助けるのは１回のみ」

　一般戦でも初日で「ドリーム戦」を組むレース場が増えています。優勝候補と期待されている選手たちのレースです。ところが、モーター抽選で２連率が２０％台のワーストに近いモーターを引くと、ドリーム戦で出番なく終わります。予選を突破させるためには、どこかで巻き返さなくてはなりません。２日目か３日目に相手の軽いところに入れられます。「お助け番組」と呼ばれものです。

　ここで勝てば予選突破の目処が立ちます。しかし、負けるとどうなるかです。もう一度「お助け」があれば良いのですが、それはほとんどありません。

　総当たり制を原則とする番組作りの公平性が保てなくなるためです。お助けで結果を出せなかった選手は、その後も苦戦が続き、負けて高配当を提供する側に回ります。モーター抽選がある以上、これは選手も舟券を買うファンも折り込んでおく必要があります。

chapter 3-2 高配当を出すモーターの見つけ方

　誰が乗っても好成績を残すモーターがあります。出走表にはモーターの前操者成績を載せています。一般戦でＡ１級が乗り、優出するのは当然のことです。Ｂ１級が乗り、優出するのなら、そのモーターはパワーのあるモーターと判断して良いでしょう。ボートレース専門紙やスポーツ新聞のモーター欄も役立ちます。

　スポーツ新聞で紙面を大きく取っているレース場だと、モーター評価は出足、伸び、回り足を載せています。◎が何個もついているモーターに注目してください。選手とは別の評価をするので、Ｂ２級の選手でもモーター評価が◎になっていることがあります。

　ネット投票だと、スマホで選手に関するデータをかなり詳しく調べることができますが、モーターに関しては２連率が載っているくらいで、選手データほど詳しくありません。どうしても選手の名前で舟券を買ってしまいます。選手の名前で買っても高配当は獲れませんが、モーターだと高配当が獲れるチャンスが増えます。

　有料のボートレースソフトの「Ｂｏａｔ　Ａｄｖｉｓｏｒ」なら、さらに詳しく高配当を出すモーターを見つけることができます。

● モーターの集計期間は３ヵ月

　ボートレースで使用しているモーターは、ヤマト発動機で製造販売しています。年間１５００基が全国のレース場やボートレーサー養成所に納入されています。モーターの使用期間は１年です。製造の関係もあり、各レース場に一括納入ではありません。１ヵ月に２場ずつ納入されています。使用期間を１年にしたのは、長く使用すればするほど部品の摩耗などで性能差が大きくなるからです。

　モーターは、気温が下がるとキャブレターの凍結防止のための温水パイプを装着し、気温が上がると外しますが、それぞれ燃料の供給具合が変わって

くるので、性能に変化が起きます。

　出走表に載っているモーター2連率は、初使用からのものです。数字があるのに下降モーターといったものもあります。長い期間の集計だと、数字がならされて変化を読めないというリスクがあります。短い期間だと乗り手によって数字が変わるので、こちらも性能の変化が読めません。

　3ヵ月くらいだと直近のモーター性能がわかります。集計期間の設定を3ヵ月くらいにしてください。

● 選手を選ばない勝率アップが好モーター

　3ヵ月集計でも、勝率や2連率だけを見ていては、本当に良いモーターかどうかわかりません。たとえば、一般戦でA1級ばかりが使用すると勝率は上がります。数字があるのに、期待したほど動かないモーターもあります。B級ばかりで勝率が下がるものの、動きの良いモーターがあります。どちらの方が性能が上か判断するには、直接対決を待つしかありません。しかし、直接対決を待っていたのでは遅すぎます。

　そんなときに何を見るかといえば、**「勝率ポイント」**という項目です。1節間走ったときのモーター勝率と選手勝率を比較したものです。選手の持っている勝率よりも、そのシリーズのモーター勝率が上だと、＋1.02と表記されます。モーターが選手の勝率アップに貢献したことがわかる仕組みです。A1級が乗っても、B1級が乗っても勝率が上がっているのなら、次に使用する選手の勝率も上がると読めます。良いモーターの証拠です。反対にだれが乗っても勝率ポイントがマイナスなら、それは悪いモーターだと判断できます。

　出走表のモーター欄を見て、前操者の成績と級別をチェックすれば、同じような結果が出ます。一般戦でA1級が乗って予選落ちしているモーターは悪いモーターです。一方、B1級が乗って優出しているなら、それは良いモーターという判断ができます。

　「Ｂｏａｔ　Ａｄｖｉｓｏｒ」では集計期間を3ヵ月に設定できます。その期間に勝率ポイントがすべてプラスのものを探すのです。2連率がベスト5に入っていなくても、そんなモーターがあれば、隠れたエース機と思ってく

ださい。高配当を出してくれます。

　ただし、モーターと選手の走りとの相性があります。重量級の後に女子選手が乗ると「回りすぎ」になって、パワーを発揮できません。チルトを上げて超伸び型にしたモーターを出足型にするのも時間がかかります。その過程でパワーを引き出せずに敗退するケースがあります。すべてが機歴どおりに行くとは限りません。シリーズの序盤は選手のコメントなどのチェックが必要です。

● 捲りが決まるレース場なら展示タイム順位

　戸田、鳴門のような狭い競走水面だと捲りが決まりやすくなります。ダッシュ戦に回ったとき、広い競走水面と違って１マークまでが近いからです。内側の選手が艇を合わせて来る前に捲ることができます。捲るにはスタートをしてからの伸びが必要です。**「展示順位」** を調べると、伸びるモーターかどうかわかります。展示タイムはスリット裏から２マークまでの１５０ｍが計測区間です。尼崎、徳山、福岡、大村では１マーク寄りから計測を開始しますが、いずれの場合でもモーターの伸びに関する領域がタイム計測されます。

　展示順位は、そのレースの中の展示タイムの早い方から順位付けしたものです。数字が小さいほど伸びるモーターです。実戦でダッシュ戦から捲りを期待できるモーターです。一発高配当に貢献してくれます。

　強力なモーターは、１号艇を外したときでも上位着を取ります。スタート展示で１コースを取った１号艇に人気が集まっているようなレースでは、強力モーターを軸にした舟券を組み立ててください。思わぬ高配当をプレゼントしてくれます。

　最近、各レース場が採用しているオリジナル展示タイムは、色のバラツキがあれば無視、オール赤で多少信頼というところでしょうか。選手の多くは「１周タイム」をモーターの仕上がりの目安にしているようです。参考にするなら、選手が関心を持っているデータの方です。

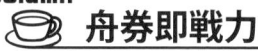

column
舟券即戦力

「みんなの見るデータに穴なし」

　モータースポーツの世界では、モーターに速度計、回転計、水温計、油温計などのメーターがついています。レース中はピットのモニターにリアルタイムでデータが送られてきます。それでモーターの調子を判断します。ところがボートレースで使用するモーターには、軽量化を図るためにそういったメーターはついていません。そのため数値化したデータは、外部から計測するしかありません。展示タイムは１９８０年代に公表されるようになりましたが、最近はオリジナル展示タイムを提供するレース場が増えています。１周、直線、回り足タイムなどが公表されています。１番時計は赤い数字で表示されるため、「赤フラッシュは買い」といったボートレース格言が生まれています。

　たしかに、すべての項目で１番時計をマークすると、１着になる確率は高くなります。ユーチューブでも「赤フラッシュ」が出ると舟券を買う後押し材料にしている解説者もいます。影響力が大きいので、かなり浸透しています。しかし、みんなが見るデータは人気になるので、配当が下がります。データどおりに入れば本命配当です。これでは舟券の魅力はありません。みんなが見るデータだと高配当は期待できません。「赤フラッシュ」が外れるケースを模索してください。ＳＧ選手で赤フラッシュでよく負ける選手が何名かいます。

ボートレース専用の２サイクル２気筒モーター

chapter 3-3 優勝する選手は初日にわかっている

● 2023年 SG 優勝者の節間成績

			機番（2連率）	2連率順位
3月	**クラシック (平和島)**			
土屋	智則（群馬）	①①②④②②準1優1	65号機（41.9%）	6位
5月	**オールスター (芦屋)**			
石野	貴之（大阪）	①②③③①①準1優1	14号機（75.0%）	2位
6月	**グラチャン (徳山)**			
磯部	誠（愛知）	②③②②①①準1優1	37号機（40.5%）	11位
7月	**オーシャン (児島)**			
羽野	直也（福岡）	②③⑤①④準2優1	12号機（30.4%）	43位
8月	**メモリアル (福岡)**			
馬場	貴也（滋賀）	①①⑤①④④準1優1	63号機（47.2%）	5位
10月	**ダービー (蒲郡)**			
峰	竜太（佐賀）	①③②②③③準1優1	17号機（35.6%）	27位
11月	**チャレンジカップ (三国)**			
片岡	雅裕（香川）	①①⑥②②準1優1	38号機（33.3%）	32位
12月	**グランプリ (住之江)**			
石野	貴之（大阪）	③①①優1	88号機（43.1%）	3位
12月	**グランプリシリーズ (住之江)**			
深谷	知博（静岡）	③⑤①②⑥⑥準1優1	26号機（36.5%）	6位

● 2023年 PGⅠ 優勝者の節間成績

			機番（2連率）	2連率順位
1月	**BBCトーナメント (びわこ)**			
松井	繁（大阪）	①②②準2優1	19号機（35.9%）	17位
4月	**マスターズC (若松)**			
井口	佳典（三重）	①②④③②①準1優1	40号機（48.3%）	1位

8月　レディースC (津)

遠藤　エミ（滋賀）　③①①③③④準1優1　45号機 (39.7％)　9位

9月　ヤングダービー (下関)

上條　暢嵩（大阪）　②④①②②①準1優1　69号機 (36.1％)　17位

12月　クィーンズクライマックス (多摩川)

浜田亜理沙（埼玉）　②①②優1　　　　　55号機 (39.5％)　7位

　2023年のSG8競走とPGI5競走で優勝した選手の節間成績を調べると、大きな特徴が3つあります。

　1番目は初戦の成績です。着外からスタートした選手は誰もいません。対戦相手のこともありますが、モーターで優位に立っていないことには上位着は取れません。もし、初戦で大敗した選手が優勝戦に乗ってくれば、その選手の優勝は、ほぼ絶望的といってもいいでしょう。

　2番目は節間成績です。ここで着外落ちしたケースが少ないことです。グランプリシリーズの深谷に大敗が目立っていますが、他の選手は大敗をしていません。予選をオール3連対でまとめている選手の方が多いくらいです。

　3番目は準優勝戦の成績です。13競走で2着になったのは2回のみ。準優1着が11回もあります。

　SGやPGIに限らず、特別レースと呼ばれるもので、優勝の王道というのがあります。予選得点率1位で通過し、準優は1号艇にシードです。そこで1着を取り、優勝戦も1号艇です。予選で1号艇を1回経験しています。準優でも1号艇を経験することで、1号艇＝1コースからのレースはリハーサルが終わっているわけです。優勝戦はリハーサルでやったことを繰り返すだけです。当然のように優勝確率が高くなります。

　優勝モーターについて調べてみると、2連率ベスト10に入っているのが8回あります。11位〜20位が3回。それ以下が3回です。数字を残しているモーターの方が優勝する確率が高いことになります。

● 2024年1月優勝者の節間成績

レース場	優勝戦日	グレード	優勝者	節間成績	優勝戦決手
児 島	1/ 2	一般	茅原　悠記	④①①③②①①準1優1	逃げ
徳 山	1/2	一般	魚谷　智之	①①②②③①①⑤準1優1	逃げ
下 関	1/2	一般	寺田　祥	②①②①①④④準1優2	逃げ
浜名湖	1/3	一般	菊地　孝平	②①②①③③①①準1優1	抜き
丸 亀	1/3	一般	中村　晃朋	①②①②⑤⑤③準1優1	逃げ
若 松	1/3	一般	枝尾　賢	①⑥③①⑥②①②準2優1	捲り
芦 屋	1/3	一般	池永　太	①③①③②②①①準1優1	逃げ
蒲 郡	1/4	一般	丹下　健	③②①①①⑥準1優1	逃げ
常 滑	1/4	一般	磯部　誠	①③①②①①①②準1優1	逃げ
津	1/4	一般	井口　佳典	①①③⑤①②②①準1優1	差し
鳴 門	1/4	一般	島村　隆幸	③①①①①①①③準1優1	逃げ
宮 島	1/4	一般	山口　剛	②①④③①①①④準1優1	逃げ
桐 生	1/7	一般	江口　晃生	①④③①①①②準1優1	逃げ
江戸川	1/7	一般	近藤雄一郎	①②②①④④①準1優1	抜き
多摩川	1/7	一般	佐藤　翼	⑤②①①②①①準1優1	差し
住之江	1/7	一般	上條　暢嵩	②②①②①①①②準1優1	逃げ
唐 津	1/7	一般	上野真之介	①①②①①①②②準1優1	逃げ
大 村	1/7	一般	石橋　道友	③③①①②②①③①②準1優1	逃げ
平和島	1/8	一般	福島　勇樹	②③①①①①②②準1優1	逃げ

レース場	優勝戦日	グレード	優勝者	節間成績	優勝戦決手
びわこ	1/8	一般	馬場　貴也	①①④②②②②②①① 準1優1	逃げ
下　関	1/8	一般	島川　海輝	②④④③①④① 準2優1	捲り
福　岡	1/8	一般	篠崎　元志	①①②①①② 準1優1	逃げ
戸　田	1/9	一般	鈴木　賢一	①②⑤②①①①① 準2優1	捲り
尼　崎	1/9	GⅢ	清埜　翔子	③⑤①①②①①③④ 準2優1	捲り
蒲　郡	1/10	一般	吉村　　誠	①②①④ 準1優1	逃げ
丸　亀	1/10	一般	三嶌　誠司	①③①③①③① 準2優1	差し
浜名湖	1/11	一般	佐々木完太	①③②③①①②①② 準1優1	抜き
徳　山	1/11	一般	山本　修一	①②②①②①②③ 準1優1	逃げ
津	1/12	一般	河合　佑樹	①⑥②①②①①①① 準1優1	逃げ
鳴　門	1/12	一般	谷野　錬志	①①③①②①② 準1優1	逃げ
若　松	1/12	一般	菅　　章哉	①①②③①① 準1優1	逃げ
児　島	1/13	一般	末永　由楽	①⑤②①②②①④ 準1優1	差し
戸　田	1/14	一般	秋山　直之	①②①①①① 優1	逃げ
多摩川	1/14	一般	村田　修次	②②③①①② 準1優1	逃げ
常　滑	1/14	一般	野中　一平	①⑤①①①③③ 準1優1	逃げ
芦　屋	1/14	GⅢ	中辻　崇人	①②④②①①①①④ 準1優1	逃げ
大　村	1/14	GⅠ	関　　浩哉	③④③ 準2優1	逃げ
平和島	1/15	一般	河村　　了	②④①①① 優1	逃げ
宮　島	1/15	一般	古澤　光紀	①④④①①⑤②① 準2優1	抜き
下　関	1/16	一般	下出　卓矢	①②①①②①⑤ 準1優1	逃げ

レース場	優勝戦日	グレード	優勝者	節間成績	優勝戦決手
尼　崎	1/17	一般	吉田　俊彦	①①①②②①⑥準1優1	逃げ
唐　津	1/17	一般	篠崎　元志	①①②①①②準1優1	逃げ
蒲　郡	1/18	一般	吉田凌太朗	①①①①①①②①準1優1	逃げ
住之江	1/18	一般	川北　浩貴	①④②③準2優1	差し
福　岡	1/18	一般	長野壮志郎	①①①②①①⑥①①準1優1	逃げ
徳　山	1/19	一般	守田　俊介	①②③①①①③準1優1	逃げ
江戸川	1/20	GⅡ	湯川　浩司	②①①③①③準1優1	逃げ
津	1/20	GⅢ	平山　智加	③①②①①②②①④準1優1	逃げ
丸　亀	1/20	一般	秦　英悟	①①①②②②①④準1優1	逃げ
戸　田	1/21	一般	笠原　亮	②④①①①①優1	逃げ
浜名湖	1/21	一般	中井　俊祐	①④①②①③①①準2優1	逃げ
三　国	1/21	一般	吉川　元浩	①①①②①準1優1	捲り差し
びわこ	1/21	一般	中島　秀治	②④①①①①①③準1優1	逃げ
桐　生	1/22	一般	村上　遼	④①①②④②③準2優1	捲り
鳴　門	1/22	一般	佐藤隆太郎	②①②②⑥準1優1	逃げ
児　島	1/22	一般	塩田　北斗	③⑤②②①①①②準1優1	逃げ
常　滑	1/23	一般	数原　魁	②②②⑤③②①準1優1	逃げ
平和島	1/24	一般	数原　魁	①②④②②⑥⑤②準1優1	捲り差し
下　関	1/24	GⅠ	松尾　祭	①②③①④②準1優1	逃げ
芦　屋	1/24	一般	松尾　祭	①③②③①②②準2優1	差し
多摩川	1/26	女子	守屋　美穂	②①③②④②①①準1優1	逃げ

レース場	優勝戦日	グレード	優勝者	節間成績	優勝戦決手
尼　崎	1/26	GⅢ	和田　拓也	①①⑤④①準2優1	差し
唐　津	1/26	一般	古賀　繁輝	①①⑤④①準2優1	捲り差し
大　村	1/27	一般	小林　一樹	①①①②②①②④準1優1	逃げ
戸　田	1/28	一般	小林　一樹	①①①②②①②④準1優1	捲り差し
宮　島	1/28	一般	小林　一樹	①①①②②①②④準1優1	逃げ
徳　山	1/28	GⅠ	中辻　崇人	②①③①①①準1優1	逃げ
蒲　郡	1/29	一般	天野　友和	②①③①①①準1優1	差し
常　滑	1/29	一般	馬場　　剛	①②③②準1優1	逃げ
丸　亀	1/29	一般	三嶌　誠司	①②⑤①①⑥③準1優1	逃げ
児　島	1/29	一般	伊藤　将吉	①②⑤①①⑥③準1優1	逃げ
浜名湖	1/30	GⅠ	峰　　竜太	①③①①①④準1優1	逃げ
三　国	1/30	一般	高倉　和士	②③②②①①③準1優1	捲り
びわこ	1/30	一般	岡崎　恭裕	①①①①①④①②①準1優1	逃げ
住之江	1/30	新人	石本　裕武	①⑤②①①①⑤④準1優1	逃げ
桐　生	1/31	一般	渡邉　雄朗	③⑤①②①⑥準1優1	捲り
江戸川	1/31	一般	石川　真二	①①①①④①③優1	逃げ
津	1/31	一般	大池　佑来	①②①③②①②②④④準1優1	逃げ

２０２４年１月の全国の優勝戦について調べてみました。優勝戦の数は
７８レース。

■優勝した選手の初日１走目の着順
　１着４８回　全体比　６１.５％
　２着１８回　全体比　２３.０％
　３着　９回　全体比　１７.５％
　着外　３回　全体比　　３.８％

　なぜ、優勝した選手の初戦成績を調べたかと言えば、良いモーターを手に
した選手が優勝するのではないかと考えたからです。**「ボートレースはモー
ター次第」** とはよく言ったもので、ＳＧに出場する強い選手が、一般競走で
予選落ちするのを何回も見てきたからです。
　選手がレース場に入ってプロペラやモーター整備、調整になぜ時間を割く
かといえば、経験的に **「モーターを出した選手が勝つ」** のを知っているから
です。前検日のモーター抽選が終わったところで、そのシリーズの勝者と敗
者が決まっているとすれば、それを舟券作戦に活かす方法があるはずです。

　２０２４年１月全７８節の優勝者の予選成績で、オール３連対の回数は
２８回（３５.９％）、１回だけ着外が３５回（４４.９％）。両方合わせると
６３回（８０.８％）です。５節中４回の割合で予選をオール３連対か１回
のみ着外でクリアしているのです。初日の時点で買い続ける選手を見つける
ことができれば、舟券は的中できることになります。

　準優２着で優出して優勝している選手は１１名です。得点率で優出が５回
あるので、準優は７３回。準優２着で優出して優勝は６.８％。２０回で１
回程度になります。優勝戦で誰を軸にするかといえば、圧倒的に準優１着で
優出した選手です。

column

☕ **舟券即戦力**

「12レース連続で買うと資金が尽きる？」

　ボートレースチケットショップ（BTS）に来るお客さんはいろいろな人がいるものです。先日、「ボートが12レース制にしているのは、12レース続けて舟券を買っていると資金がなくなるから」と言う人がいました。法律では1日18レースまで可能だと聞いていたので、嘘を言っているのはわかりました。「盛った話をする人もいるものだ」と思いましたが、実際にどうなるか計算してみました。

　1万円に控除率を引いた0.75を掛けて行き、何回で100円を割るようになるか出してみました。1万円×0.75＝7500円、次に7500円×0.75・・・。12回やると、420円になります。まだ資金は残っています。17回目で100円になり、18回目の舟券を買うことができました。

2023年レディースオールスターは渡邉優美が優勝

chapter 3-4 女子戦初日1番時計の選手を追え 🚤

● 「スピードクイーンメモリアル」 新設で女子戦の1着タイムが早くなった

　2024年度から「スピードクイーンメモリアル」というタイトルのGIレースが新設されることになりました。2025年2月に浜名湖で開催されます。このレースは、各レース場の1番時計を出した選手に優先出場権が与えられます。そのせいもあって、女子レースで1着を走る選手が、2着を大きく引き離してゴールするシーンを多く見かけるようになりました。

　ボートレースはモータースポーツなので、タイムもモーターの性能判断の材料になります。初日に1番時計を出した選手は、他の選手よりもモーターの仕上がりが早いというとらえ方をすれば、立派な舟券作戦の材料になります。初日に1番時計をマークした選手が、どういった成績を残しているか調べてみました。

●2024年女子戦初日1番時計選手の節間成績
　1／4〜1／9　　　尼　崎　オールレディース
　樋口由加里　　初日1番時計1.48.9　①⑤④①①②③③準2優6
　1／15〜1／20　　　津　　オールレディース
　浜田亜理沙　　初日1番時計1.47.3　①①①②①③②①②準1優6
　1／21〜1／26　　多摩川　ヴィーナスS第18戦
　長嶋　万記　　初日1番時計1.47.1　①⑤①③①②②準1優2
　2／8〜2／13　　　戸　田　ヴィーナスS第19戦
　黒澤めぐみ　　初日1番時計1.48.3　①④①④④失②④②③
　2／14〜2／19　唐　津　ヴィーナスS第20戦
　西橋　奈未　　初日1番時計1.51.3　①⑥③③③②⑤①③準4③選2
　2／2〜2／7　　　児　島　オールレディース
　守屋　美穂　　初日1番時計1.46.6　①①②①②③①③準1優1
　2／20〜2／25　びわこ　レディースオールスター
　浜田亜理沙　　初日1番時計1.47.2　③①②③③②準4①選6

● オールレディースは初日１番時計をマークすると優出

　２０２４年１月から２月までの女子戦の初日１番時計をマークした選手を調べると、オールレディースに関しては、すべて優出しています。少なくとも準優までは高い確率で着絡みをしているのがわかります。シリーズを通じて誰を追い続ければ良いかについて、大きなヒントになります。レディースオールスターで中盤から５連勝で優勝した渡邉優美は初日ドリーム戦で６号艇でした。初日に４着からスタートしたので１番時計は出せませんでした。しかし、３日目の後半レースで、浜田を上回る１分４７秒０をマークしてから１着ラッシュでした。女子戦に限っては１着タイムがかなり重要だということです。

「強風の女子戦はベテランの出番」

　季節の変わり目になる3月は、西の高気圧と東の高気圧のせめぎ合いです。東の高気圧が強いと南風、西だと北風が強く吹きます。安定板を装着してレースをする日が多くなります。そんなときの女子戦はベテランの出番です。

　若い選手は荒れた水面での経験が少ないこともあって、うまくレバー操作ができません。いつも全速で流れ込んでくる選手ほど、我慢のターンができないようです。ターンマークをしっかりと見て、ターンマークを外さないように小回りするのが荒れた水面の走り方です。ベテランの経験値が活きます。1着が取れなくても大敗はありません。勝率の低い新人は見切って構いません。

守屋美穂は1分46秒6の最速タイムを出した

ボートレース戸田

chapter 4

高配当ゲットに役立つ
ボートレース格言・データ

第70回 ボートレースメモリアル
優勝者　馬場　貴也（滋賀）

 **chapter 4-1　高配当ゲットに役立つ ボートレース格言2024**

 ## スタート展示は再現されない

　舟券作戦では、直前のモーターの動きをチェックしろと言われています。気象条件がモーターに与える影響が大きいからです。参考にするのが展示航走です。展示航走はスタート展示と周回展示に分かれています。スタート展示が終わると、そのま周回展示へと移っていきます。以前は本番レースを挟んでスタート練習と展示航走が行われていました。スタート練習を2回やっていた時代もありました。スタート練習は１９９１年に廃止になりますが、２００２年に現行のようなスタート展示が実施されるようになりました。レース直前に実戦形式で行われるスタート展示について、本番レースでもスリットの隊形が再現されるのではないかと舟券作戦の参考にする人は多いようです。しかし、スタートに対する選手の考え違いがあるので、スタート展示のスリットの再現はありません。全速でタッチスタートをするやり方と本番レースを想定した予行練習をするやり方があるからです。スリット隊形よりも加速感やスタート後の伸び加減をチェックした方がいいでしょう。

 ## 重量級のカド戦は外が儲ける

　厳密な決まり事はありませんが、体重が６０ｋｇを超えている選手を「重量級」と呼んでいます。身長は標準並でも骨太の体形のため減量しても限界があります。モーターの負担を減らすという意味では重量級は不利です。ターンをしてから直線に向く立ち上がりで軽量選手に置いていかれます。女子選手と一緒に走れば、体重差は１２ｋｇも差があります。１２ｋｇと言えば、男子の２歳児の平均体重です。重量級でＡ１級にいるのは海野康志郎くらいで、つねに減量に取り組んでいます。６０

ｋｇ台でレース場入りするのは、亀本勇樹、井川大作、金子猛志、高橋真吾、岩井繁、秋田健太郎、宮嵜隆太郎、川合理司、林恵祐、前野竜一、笠雅雄、岸本雄貴、三松直美、井田涼介くらいです。重量級はレバーを落としてしまうと、レバーを握っても加速するのに時間がかかります。そのためほとんどレバーを落とさずにターンをします。捲りが決まらなくても全速に近い状態です。無理なターンになるので流れます。得をするのは重量級の外に位置している選手です。重量級が３、４コースなら、外の選手が差して抜け出します。

穴は思いつきではなく、思い切り

　６艇しか走らないボートレースで、超高配当はなかなか出ないものです。しかし、３連単の万穴の出現率は１５％を超えているので、１日平均で２レースくらい出ます。１コースに人気が集まる最近のレースです。１コースが敗れるレースが事前に分かれば、万穴を手にできるチャンスはいくらでもあります。万穴を取るときに必要なのは、思いつきではなく、思い切りです。あれも怖い、これも怖いといろいろな舟券に手を出す人は、舟券そのものに力がなく、万穴がスリ抜けるだけです。このレースは１コースが負けると決めて、１コース外しの舟券を買うと、それが的中します。思いつきの舟券は中途半端なので、中途半端な抜け方しかしません。思い切って買った舟券が外れれば、次に１コースが負けそうなレースまで待てば良いのです。ダラダラと舟券を買い続けるのが最悪のケースです。

1番人気の456（シゴロ）は買うな

　コース取りが枠なりになると、１コースを取る選手は助走距離を十分に取れます。スタートで失敗をしない限りは先マイに持ち込むことができます。そのためダッシュに回った選手は、捲りを期待するような伸びではなく、出足型に仕上げます。ターンで勝負をするためです。しかし、

たまに捲りを誘うような番組があります。２、３コースにベテランのフライング持ちを入れて、４コースの捲りを誘った番組です。４コースが捲れば、５、６コースがついて回ると考えられるので、３連単の４－５－６を買う人が増えてきます。オッズを見ると４－５－６が１番人気です。しかし、全国平均で４コースの１着率は１０.９％しかありません。４－５－６が出現する確率は０.５％です。単純計算で２００レースに１回です。回収率になると５０％しかありません。４－５－６が１番人気に推されていても、入る可能性は極めて低いと思った方がいいでしょう。

半伸びがいたら、その外の出番

　ＳＧやＧⅠになると捲りが決まりそうで決まりません。奥まで引いてスピードの乗ったスタートをするのですが、１マークまでにきれいに抜け出せません。チルトを上げるとピット離れが悪くなり、コース取りで大外回りになります。４コースのカドから攻めようとすれば、チルト０度か０.５度までです。そんな状態なので、スタートしてから半艇身のぞくだけです。１マークでは先手を取るかたちです。そこから捲りに出るか捲り差しに切り替えるかですが、いずれにしても攻める姿勢を見せます。ほとんどのレースで内側にいる選手の抵抗に遭います。うまく捲り差しが決まったときだけ１着になりますが、レアなケースです。４コースの攻めが読めるレースでは、その選手の外側が有利です。最初から差しに構えていれば良いからです。このケースが成功するのは、スタート展示で４コースの選手が気配を見せたときだけです。出て行く気配がなければ、４コースは差し構えになるので５コースの出番はありません。外枠の２、３着受けは限定付きになります。

直線勝負なら軽量が有利

　ボートレースのオフィシャルWebによると、２０２４年7月1日現在で女子選手の数は２７０名です。毎週半数の女子選手が稼働しています。ヴィーナスS、オールレディースが開催されていますが、そこから溢れる女子選手が出てきます。その選手はどこで走るかと言えば男女混合の一般競走です。オール女子のレースが組まれるものの、それ以外は男女混合レースになります。スピードという点で、女子は男子よりも不利ではないかと言われていましたが、実際のレースでは互角以上の戦いをしています。それができるのは体重差です。男子の最低体重は５２ｋｇに対して、女子は４７ｋｇです。５ｋｇの差があるわけです。男子の体重が増えれば、体重はさらに大きくなります。体重の重い選手の軽い選手では、ボートの接水面積が変わってきます。水の抵抗は空気抵抗の８００倍です。接水面積が増えれば増えるほど水の抵抗が大きくなります。ボートレースで軽量選手が有利な理由は接水面積から説明がつきます。

スタート不安なインは信用するな

　「ボートは左回りだから1コースが有利じゃ」とデビュー戦からスロー発進にこだわったのが北原友次さんです。３４１７勝の最多勝利の記録を持っています。今のような枠なり全盛の時代ではありません。前夜版が発行されると、翌日のレースでどうすれば1コースを取れるか考えたそうです。ピット離れで先手を取れる方法はないか、中枠なら艇団からわざと遅れて出て、大きく回り込んで1コースを取っていたそうです。その上で、小回り防止ブイよりもスタートラインに近い方まで入っていました。大時計が0秒を指す7秒前に加速を始め、5秒前に８０−８５ｍ空中線、3秒前に４５ｍ空中線を通過して、そのまま伏せ込んで全速でスタートラインを通過していました。「ヒチ、ゴ、サン」のスタートのやり方です。全速通過して伸び返すので捲られることはなかったと教えてくれました。後は差されないようにターンをすれば1着を取れたそ

うです。１コースが勝つにはスタートが重要です。それに不安があれば、負ける要素ありです。

負けるインを待て

　ボートレースが始まった頃の１コースの１着率について、草創期の関係者に聞いたことがあります。答えは「３割くらいだった」とのことでした。左回りのレースは、草創期も今も変わりません。最近は１コースの５０％を超えており、「ボートレースは１コースが強い」が先入観としてビギナーに織り込まれています。A級が１号艇で枠なり進入なら１番人気に推されます。しかし、１コースの１着率が５０％といっても、１日のレースで毎日同じように１コースが半数のレースで１着を取っているかといえば、そうではありません。集中的に１コースが勝つ日もあれば、ほとんど１コースが勝てない日があります。理由の一つは番組です。１コースが強い日があれば、翌日は強い選手が中、外に回るため１コースが勝てなくなります。そんな日を選んで「１コース外し」をすれば中穴が取れます。目の前のレースに集中するのも悪くありませんが、大局観で番組を見るようにしてください。

ナイターで迷ったら最年長選手を消す

　ボートでナイターを最初にやったのが１９９７年９月の桐生です。今では蒲郡、住之江、丸亀、若松、大村の６場でナイターレースを開催しています。デイレースとナイターレースでは、選手から見える風景が違い、気温の変化によるモーター調整も変わってきます。選手は出走する２レース前の舟券発売中に水面に出てスタート練習を２本やります。レース直前にはスタート展示があります。これでスタート勘を合わせるのですが、ナイターになると大時計が見にくいというベテラン選手がいます。スピードが乗ってくると、同体視力の関係で視界が狭くなります。時速４０ｋｍだと視界は１００度ですが、１３０ｋｍだと３０度まで狭くなります．選手はスタートをするときに大時計の焦点を合わせ、周り

の風景でスピードを判断しています。視野が狭くなると周りの風景が見えにくくなります。動体視力は５５歳を超えると急激に落ちるという実験結果が出ています。ナイターレースで５５歳を超えた選手は不利な立場です。ナイターレースの舟券で迷ったら、そのレースの最年長選手を消すのも一つのやり方です。

最終日のシードは信用するな

　２００１年からスタートしたボートの３連単は、ＳＧになると全体の９５％も売上げています。舟券を買う人の心理は、少しでも高い払戻を期待するためです。「的中する喜びを味わってください」と言うのは、舟券に没入していない人が言えることです。ただ配当が良いというのは、それだけ的中する人が少ない事になります。３連単が始まってすぐにぶち当たった壁です。その壁を少しでも低くしてやろうして誕生したのが三国ボートの「おはよう特選」でした。１号艇にＡ級をシードして、的中しやすい番組を作りました。これが全国的に広まったわけです。シリーズの序盤はシードしても人気に応えられる選手がいますが、優勝戦になるとＡ１級の強い選手が優勝戦に乗ります。１回走りなので、一般戦のシード番組は、とりあえずＡ級という選手を乗せるしかありません。信頼度が落ちる選手です。最終日にシード番組があっても、無条件に「堅い」と思わない方がいいでしょう。

予選落ちの格上は負けやすい

　ボートレースのモーター抽選があります。すべての選手に勝つ機会を均等に与えるためです。パワーのあるモーターを手にするときもあれば、誰が乗っても結果を出せないモーターに当たるときがあります。部品交換などできるといっても、部品を削ったりすることはできません。プロペラの形を変えてモーターなりのパワーを引き出すしかありません。悪いモーターだと人並みになるのが精一杯です。そんな状態でレースに臨んでも１着が取れません。予選落ちも仕方なしです。勝率を持っている

選手でも一般戦で予選落ちです。残った２日間がどうなるかです。「モーターは３日間で出なければ良くなることはない」と言われています。パワーアップの方策も尽きるわけです。予選落ちしたから発奮するだろうと思っても、気持ちだけでは勝てません。負ける確率の方が高いと考えた方がいいでしょう。

B級の１コースは１着か着外

　３連単で毎日のように１０万円を超える超万穴が飛び出しています。１コースのＡ１級が負けたのかと調べてみると、そうではありません。Ｂ１級が１コースに入ったレースで超万穴が出ているのです。Ａ１級といっても６点台の選手で、１本かぶりになるほどの選手ではないのに人気がかぶっているのです。前半のレースでは超万穴は出ません。出るのは７、８、９Ｒに集中しています。これは選手に聞いた話ですが、ＳＧやＧⅠで走っているＡ１級とＢ１級では、攻められたときの対応の仕方が違うそうです。捲ってくる選手に対してＡ１級は反発せずに小回りから２マーク、２周目につながるレースをするそうです。ところが、Ｂ１級は強烈に反発して共倒れのレースが多くなるとか。せっかく巡ってきた１号艇のチャンスをつぶしたくないという気持ちが先走るのかもしれません。１コースを取る選手に不安を感じたら、Ａ１級ならボックス買い、Ｂ１級なら１着か着外といった考えで舟券作戦を立てたらいいでしょう。

前づけ選手の２着受け

　枠なり進入が全盛の時代に逆らうかのよう前付けをするベテランがいます。西島義則、西田靖、田頭実、江口晃生、今村暢孝、石川真二といった選手です。外枠から前付けすると進入が深くなり、スタートをするときの助走距離が犠牲になります。本来ならダッシュ勢の餌食になるはずですが、前付けする選手は独自のモーター調整とプロペラを叩きます。

レバーを握るとすぐに加速するような仕上げです。短い助走距離でもすぐにスピードが乗るようにしています。これは、スタートだけでなく1マークのターンでも生かされます。捲ってくる選手に対して小回りで応戦します。以前だと競り合いに持ち込んでいたものですが、共倒れをすれば5着か6着です。それでは勝率が上がりません。そこで小回りからしのぐ走りをして2着に残すのです。深い位置からすぐに加速するのと同じです。小回りからすぐに加速するので、捲られそうで捲られずに2着に残るのです。

5点ボックスするなら「1」を外せ

　超高配当を取るために5点ボックスの60点買いをするお客さんがいます。1号艇にSGで走るような選手がいるレースに、敢えて60点買いをするのです。SGで走る選手といっても1コースからすべて1着とはかぎりません。前期の1コースNo.1は佐藤隆太郎の93.3%です。2位が宮之原輝紀の93.1%でした。ほぼ一般戦を走っての数字です。条件が悪ければ負けることもあるのです。

　5点ボックスは、1コースが負けるかもしれないというときに買うそうです。かつて1コースで負けたという記憶があるから、敢えて外すことができるのです。過去に例がないのにSGで走るような選手の1コース外しはリスクが大きすぎます。穴も本命といった中途半端な買い方をするから、取れる大穴を取り逃がすのです。舟券作戦を立てるときは、何を目的にしているかはっきりさせて、その方向性に沿った買い方をするのが賢明です。

デビュー期の新人がいたら5艇レース

　134期の新人が各地でデビューしています。齊藤仁、萩原秀人選手の息子さんも134期でデビューしています。他にもボート選手関係の新人が多いのが最近の特徴です。選手持ちプロペラの頃は、デビューする新人に先輩がプロペラをプレゼントしていました。整備士がモーター

を担当していた頃は、新人のモーターを整備士が調整していました。その頃はデビュー期の新人がデビュー戦1着というのも珍しくありませんでした。びわこでは3期連続で、新人がデビュー節で優出というのがありました。山口の岡村正巳はデビュー節で優勝という記録も残っています。しかし、今は事情が違います。整備も自分でやり、プロペラも自分で叩かなければなりません。経験豊富な選手を相手にパワーで勝つことはできません。コース取りもアウトなら出番なしも仕方ありません。新人がいたら5艇レースと割り切って下さい。

 ## スタートのコメントで捲りを読め

　スマホでいろいろな選手データを読める時代です。コース別成績や決まり手などを見ることができます。4コースの成績が良く、決まり手で捲りの多い選手なら、中穴狙いで買ってみたくなります。しかし、データは過去の集積であって、傾向を読む上での参考データでしかありません。

　平均スタートがコンマ15の選手についていえば、毎回コンマ15のスタートを決めているわけではありません。コンマ10があり、コンマ20があり、平均してコンマ15なのです。風向き、モーターの状態、他の選手との兼ね合いでスタートが微妙にずれてきます。「スタートが届いていない」「スタートが見えていない」「スタートの勘がズレている」といったコメントをする選手がいたら、捲りの決まり手が多くても捲りを決めることは難しいでしょう。全速でスタートラインを通過できないので攻めが中途半端になります。「スタートが見えている」といった裏付けコメントがあれば、捲りが決まります。データの裏付けがあるかどうか常にチェックしてください。

GWはベテランのA級が元気になる

　地元選手の里帰りレースがGW開催です。選手の欠場を少なくするように優勝賞金が高めです。一般競走でもタイトル戦という扱いです。優勝賞金が一般競走の１．５倍もあります。６艇による左回り３周レースは、GWからといって変わるわけではありません。同じことをやって、優勝したから賞金が増えるのです。４０歳を境に、Ａ１級でもＧＩの出場機会が減ります。同じ勝率ならベテランよりも若手です。高額賞金の出場機会が減ったベテランのＡ級にしてみれば、GW開催は「おいしい」になります。まず予選突破を目標に走ります。シリーズに入ってからのスタートが、平均スタートよりも早くなっていたら、ヤル気モードに入ったと考えても構いません。昨年のGW開催では、準優で５選手が３０００番台というのがありました。平均して１８名中７名の３０００番台のベテランで準優出しています。予選でそれだけ活躍したわけです。

半伸びはアドレナリンをまき散らすだけ

　マスターズチャンピオンはコース取りの変化が多く、カドを取った選手に期待したくなります。スロー勢が助走距離を犠牲にしてスタートをするので、カドからダッシュを乗せた選手も、その気でスタートを決めてきます。しかし、前付けする選手は、すぐに回転が上がるようなプロペラ仕様にしているので、スタートをしてから伸び返し気味になります。カドの選手がスタートをしてのぞきはするものの、半伸びのような形になり、完全に抜け出すまでには行きません。スタートで先手を取り、のぞき気味になると、捲りが決まるのでないかとアドレナリンが出ます。結果は捲りに行って流れるだけ。捲り差しにチェンジしてもなぜか決まりません。マークして差す選手や、捲られそうで捲られないスロー勢が上位着に絡んできます。難易度の高いレースが続きます。いろいろなパターンを考えて点数を買うしかありません。

 **連休の前日は高配当が出やすい**

　GWウィークになるとレース場やボートピアのお客さんの数が増えます。ネット投票も当然のように増えます。最近は若いお客さんが増えており、それも複数人で来ています。ビギナーも多くなるので、ここでボートファンとして定着してくれればベストです。ビギナーの特徴は、その日の買ったレースの舟券が的中すると、必ず翌日も顔を出します。自信のようなものが足を運ばせるのでしょうか。舟券を買う人が増えれば売上も上がります。ボートの関係者は長い間の経験から、そのことを知っています。連休初日が勝負です。ビギナーをリピーターにするために、舟券の的中しやすいレースを作ります。各レースにA級を分散させ、できれば1号艇に配置したいところです。それをやるためには、連休の前日にA級を1号艇に入れないような番組を作るしかありません。外枠にA級がいるレースは、1号艇にB級です。展開の読みにくいレースが多くなります。

 **4の捲りが読めれば5、6絡みは必須**

　選手は色々なタイプがいます。「1着が取れなければ意味がない」と考える選手は、捲りが武器の選手です。着順傾向は1着数が突出しています。一方、「一つでも上の着を目指す」選手はコーナー戦を得意にしています。中間着が増えてきます。いずれにしても、4コースを取った時に攻め方で変わって来ます。攻めるタイプがいると、捲りを想定した舟券になるので、5、6コースの出番が出てきます。捲りの選手と内側の選手が1マークで競り合いでも起こそうものなら、5、6コースの差し抜けもあり、高配当が飛び出します。守りのタイプなら差しに構えるレースが多いので、5、6コースの選手は差し場がなくなり、外を回すしかなくなります。ほぼ1着は期待できません。外枠の出番があるかどうかは4コースの選手次第です。

見立て違いでも当たればハッピー

　ボートレースはヨーロッパやアメリカでもやっています。ヨーロッパは湖を使ったレースが多いそうです。ピットから１マークまでの距離が１０００mもあり、１マークに到達したときは、艇団がばらけていると聞きました。日本のボートレースは密集した１マークに殺到します。そのため瞬間芸に近いターンで勝敗を競います。瞬間芸なので、走る選手の思惑どおりにいきません。舟券で捲りを想定しても、１マークで動きが取れず差しになるケースがあります。捲りでなくても１着を取ってくれれば、舟券を買っていたお客さんは誰も文句を言いません。負ければ文句を言うだけです。勝手なものと思っても、舟券を買う側からすれば、当たるか当たらないかだけしか関心がないので、それをあれこれ言っても相手にしてくれません。

公式データはホンネが出ない

　スタートが大きな比重を占めるボートレースは、選手心理がかなり影響します。フライングを１本でもすれば、事故率を減らすためにスタートが慎重になります。予選で準優出勝負になると、強気にスタート勝負に出ます。１号艇のときだけスタートを張り込むＢ１級選手もいます。コース取りでも勝負どころになれば外枠から前付けに動く選手もいます。枠なり進入が全盛の中で、選手心理でデータどおりにならなくなるのです。公式に発表されるデータでは、選手心理が反映されません。枠番別コースデータなどを見て、そのとおりに信用してしまうと、データに裏切られることがあります。データは過去の集積です。最近もてはやされているＡＩも落とし穴があります。ＡＩといえば、何かすばらしいことをやっているように思えますが、過去の似たものを探しているだけです。

番組作り一つで配当が荒れる

　進入固定レースといえば、ボートの初心者向きと言われてきました。Ａ１級が１号艇にシードされる番組が多く、本命配当の出やすいレースです。このレースだけを狙って大口勝負をするお客さんもいると聞いたことがあります。進入固定レースは、蒲郡、丸亀、下関、若松、芦屋、大村の６場で実施していますが、３月に入って大村の進入固定レースで異変が起きています。これまで１号艇はＡ級が定番でしたが、Ｂ１級を入れるようになりました。Ａ２級が入ると３連単で３桁配当が出ましたが、Ｂ１級だと万穴を含め、４桁以上の配当です。前年の進入固定レースでは１コースの１着率が７０％を超えていたものが、３月２３日までの開催では１６レース中７回です。４０％台まで下がりました。番組作り一つで配当が変わる例です。モーターチェックと同じように番組の作り方のチェックが必要です。よく言われた格言に「１にモーター、２に番組、３、４がなくて５に選手」というのがあります。

桐生は３４５、戸田は４５６

　レースの流れを決めるのは、番組編成とレース場の特性です。番組編成は強い選手を何号艇に入れるかで決まります。枠なり進入が全盛の最近のレースで、１コースを取りやすい１号艇に強い選手が入ると１コースの１着率が上がります。外枠に回すと１コースに弱い選手が入るので１コースの１着率が下がります。もう一つレースの流れを決めるのがレース場の特性です。競走水面の狭いレース場だと、１マークが近い分、捲りが決まり安くなります。戸田が捲りの決まりやすいレース場で、今でも「シゴロ（４５６）」を買う戸田のフアンが多くいます。桐生も戸田と同じように「シゴロ」が人気でした。ところが、３連単がスタートしてから、１マークをバック側に５ｍ移動しました。その結果、４コース捲りが届かなくなり、３コースの先捲りが決まるようになってきました。「サシゴ（３４５）」に人気が集まるようになっています。ただ、戸田のジゴロにしろ、桐生のサシゴにしろ、期待したほど決まっていませ

ん。4コースが主導権を握るようなレースがあれば、桐生のサシゴ、戸田のシゴロを狙って下さい。

出目で買っていては進歩なし

　左回りのワンパターンレースがボートレースです。同じことを繰り返しているので、出目に偏りがあります。1コースの1着率が50％を超える最近のレースでは、出目で1号艇が数多く絡むのは仕方がないことです。しかし、出目に偏りがあるからといって、毎日のように1コースが1着になるレースが半数あるかと言えば、それはありません。長い期間をならした上で、1コースの1着率が50％になるだけです。1日に1コースが11レースも決まる日もあれば、1コースの逃げが1レースのみといった日もあります。大きな流れで出目の傾向は読めても、直前のレースがデータどおりになるとは限りません。出目頼りの舟券は当たるときもあれば、裏切られることもあるわけです。一つ一つのレースに向き合って、その上で買うべき舟券を決めないと、いくら経っても舟券作戦の進歩がありません。

安いオッズだから堅いとは限らない

　ナイターレースになると1号艇が強くなるのは、データでも証明されています。ナイター6場過去6ヵ月間のレース別1コース1着率を調べてみると、1～6Rは48.4％、7～9Rは62.5％、10～12Rは69.6％です。遅い時間になればなるほど1コースが強くなります。デイレースの客層と違って、1人当たりの購買金額が上がるそうです。大口購入者もいます。1コースの強いレースに絞って購入金額を上げます。本命勝負するので、極端に安いオッズが1点だけ出てきます。しかし、いくら1コースが強いといっても、2着、3着候補は接戦に組むケースが目立ちます。オッズが偏りすぎると、他のオッズが高目になります。結果は安い1番人気ではなく、3番人気で入って「こんなにつくのか」になります。レース全体を見て、オッズが全体の力関係を反映している

かどうかのチェックを忘れないようにしてください。

迷った末の多点買いは当たらない

　ボートの３連単は１２０通りの組み合わせがあります。１号艇に強い選手を入れたシード番組もあれば、一般戦の準優日の前半レースでは、準優に乗るＡ１級を５、６枠に配置します。枠なり進入が多い中で、一番勝てないコースに入らなくてはならないＡ１級は、惜敗ところか着外落ちも珍しくありません。こうした番組で１号艇に入るのはＢ１級です。シード番組の舟券でもオッズとの関係で点数を広げたくても広げることができません。配当を出すのがボートレースという競技です。どうしても舟券で迷ってしまうと多点買いになります。それで的中できれば問題なしですが、ほとんどのケースで「外れ」です。舟券に迷いがあるというのは、軸になる選手が見えていないからです。軸が分からなければ逆転候補も見えてきません。軸が分からなければヒモ穴も見えません。軸が分からないのでは、舟券が外れるのは当然のことです。

展示タイム順位でモーター性能を読む

　４コースのカドを取った選手が捲りで攻めるのか、差しに回るのかは、展開をイメージする上で重要にファクターです。捲りで攻めるなら外の選手を絡めなくてはなりません。差しなら内側の選手です。この時に判断基準になるのがスタートの切れ味とモーターが伸び型か出足型かです。伸び型なら捲りを想定した展開が考えられます。モーター性能については、選手コメントが参考になりますが、その他にも客観的なデータがあります。それは展示タイム順位です。

初日の一般戦に大本命なし

　一般競走の初日にドリーム戦が決まれるようになっています。ＳＧでドリーム戦が採用されたのは第２回笹川賞（オールスター）からです。初日１２Ｒに「ファン選抜戦」が組まれ、それがドリーム戦へと変わっていきました。かつては特別レースしかなかったのですが、最近は短期決戦でなければドリーム戦を組みます。出場する選手は勝率上位選手になります。勝率が高くても最近のレースで事故などをした選手は、ドリーム戦から外されます。ほとんどの選手が２回走りです。１号艇は優勝候補の選手が組まれます。当然のことですが、ドリーム戦１号艇の選手の前半走は中か外枠です。対戦相手も比較的軽くしているので大敗することはありません。しかし、１号艇シードと違って不安も多少残ります。ドリーム戦６号艇は１号艇の対抗になるような選手ではありません。前半走で１号艇をもらいますが、所詮６番手にランクされる選手です。多少の不安を抱えた本命です。初日のレースに大本命が出ない理由は、ドリーム戦の２回走りに理由があります。

１Ｒで走る選手の気配は中堅級

　１Ｒから１２Ｒへとレースが進行するにしたがって売上が伸びるものです。特にデイレースはその傾向が強く出ます。ネット発売をやっていなかった頃は、レース場の来場者と売上が比例していました。ネット発売が増えるにしたがって、来場者の数は関係なくなっています。購買意欲がわくような番組が必要になってきます。実力があってモーターも出ている選手が１コースに入っていれば、軸艇信頼のレースが出来上がります。舟券に勢いが出てきます。舟券の買いやすい選手を多く集めると、その反動でメンバーの手薄なレースが出てきます。モーニングは早い時間帯にシード番組を組みますが、デイレースは１Ｒにシード番組を組んでもモーニングとバッティングするので売上は期待薄です。どうしてもデイレースの１Ｒは、Ｂ級や成績の悪いＡ級が集まります。ナイターレー

スの１Ｒは、デイレースの方に目が行っているので、こちらもＢ級が多くなります。Ａ級はモーターの出ていない選手です。モーターが出ているかどうかの判断はレース番号を見てもわかるものです。

6コースの安目に手を出すな

　一般競走の前半のレースで、優勝候補の選手が６号艇に組まれることがあります。後半のレースは当然のように１号艇です。相手はＡ２級、Ｂ１級です。展示航走を見なくても「負けるわけがない」になります。しかし、走る選手が勝てると思っているかと言えばそうとも言えません。この件について有力選手に取材したことがありますが、６コースで１番人気に推されたレースだと、「どうやったら勝てるのかイメージが浮かばない時がある」とコメントしてくれたのを覚えています。スタートで抜け出すしか方法はありません。それができないなら展開を突くだけです。ＳＧクラスのレースなら相手の動きをあらかじめ想定して展開を突くことができますが、一般戦を走る選手が相手だと、どういった動きをするか読めません。それだけリスクがあるわけです。６コースの安いオッズに手を出すと痛い目に遭うかもしれません。

気温が急激に変われば直前気配重視

　ボートレースで使用しているモーターは2サイクルモーターで、コンピュータ制御はしていません。試走では回転計をつけて走ることができますが、モーターそのものはすべて選手の勘頼りです。基本になるのは、燃料の行き具合と点火のタイミングです。フロートの高さ、ニードル調整など最適な個所を見つけるために調整をします。ピットではキャブレターに爪楊枝を刺してモーターの音を聞き分けます。「ブーからビーン」の音のするニードル位置が最良の燃料供給位置だと言われています。経験と勘頼りです。それで正解が出たとしても、気温が急激に変わると、最適だと思った調整が外れてきます。再び調整です。これに関しては未知の領域です。そのため前日まで好成績だった選手が、気温が変わると好調をキープできなくなります。新たに最適な調整をした選手が勝つようになります。レース直前のスタート展示などで気配を見せた選手が勝ちます。

高配当を取りたいならオッズを見るな

　本命に大口勝負をするお客さんは、オッズを見ながら資金配分をします。あらかじめ獲得目標額を決めている人も同じです。高配当を取りたい人は、真っ先にオッズを見て、そこから黄色のオッズ、次に自分好みのオッズを探すようです。しかし、自分好みのオッズが、自分で考えたオッズと数字が大きく変わっていた場合にどうなるかです。許容範囲なら舟券を購入するでしょうが、極端な「安すぎ」「高すぎ」になると、気持ちが揺らぐものです。そして、出てくる言葉は「これでは買えない」です。それで舟券が外れれば問題なしですが、得てしてこうした時に高配当が的中するものです。気持ちが揺らぐというのは、その時点で冷静な判断が出来なくなっているわけです。本命党はしっかりとオッズを見なければなりませんが、高配当を取りたいなら舟券を買ってからオッズを見て、不足分があれば買い足した方が良いでしょう。

攻め屋は攻め屋に弱い

　ボートの選手をタイプ分けするには、勝度数と決まり手を見ればわかります。勝度数は1着、2着、3着、着外を表したもので、ボートピアなどで配布される出走表の全国成績の項目に載っています。決まり手は、新概念データ、ボートレース日和、艇国データバンク、教えて BOAT をはじめ、マンスリー BOAT RACE がレース場別に発行している4ページもののパンフレットにも載っています。関東の専門紙のガイドや研究も決まり手コーナーがあります。捲りが多いか、差しが多いかで、走りのタイプが読めます。

　1マークで競り合いが起きると高配当が飛び出します。傾向があって、折り合いが付くレースもあるので、その見極めが大切になってきます。競り合いが起きるケースは、1着数が突出している選手が複数いるケースです。捲りを得意している選手の勝度数を調べると、1着回数が突出しています。勝つか負けるかの走りです。そんな選手が1コースに入った時に、ダッシュ勢から捲りで攻められると、反発して空振りに終わります。2着に残ることはありません。

「穴を取ったら
すぐ帰れ」
は正論

レース場別 3連単高配当ベスト25

●ボートレース桐　生　　　集計期間 2024 年 1 月 1 日〜9 月 30 日

順位	払戻金	開催日・競走種別	R番号・種別	結　果	人　気
1	202,370	6/16　一般競走	10 R 特賞	⑥-②-③	115
2	165,580	2/10　一般競走	4 R 予選	④-⑥-⑤	116
3	146,820	4/15　一般競走	6 R 予選	⑥-②-①	78
4	143,810	5/ 3　　タイトル	8 R 予選	⑥-③-①	99
5	135,320	2/19　一般競走	7 R 一般	⑥-④-①	88
6	119,550	4/ 9　一般競走	11 R 準優	②-⑥-⑤	110
7	116,480	4/ 6　一般競走	7 R 予選	②-③-⑥	94
8	114,810	3/17　一般競走	12 R ド戦	⑥-⑤-④	107
9	110,510	2/17　一般競走	12 R 特選	④-③-⑥	87
10	105,220	2/ 9　一般競走	5 R 予選	②-⑥-③	89
11	99,710	7/29　一般競走	6 R 一般	⑥-①-②	73
12	95,840	3/ 5　一般競走	6 R 予選	④-②-⑤	69
13	94,230	7/30　一般競走	3 R 一般	⑥-④-③	114
14	90,410	5/ 2　タイトル	11 R 予選	⑥-⑤-③	109
15	89,940	4/17　一般競走	1 R 一般	⑥-②-⑤	118
16	89,130	1/ 7　タイトル	7 R 一般	③-⑤-⑥	76
17	88,270	4/ 9　一般競走	9 R 準優	⑥-⑤-①	91
18	86,880	7/30　一般競走	11 R 選抜	⑥-②-①	83
19	85,760	6/11　一般競走	7 R 一般	④-⑥-①	87
20	83,080	6/29　ヴィーナス	11 R 準優	④-③-②	92
21	82,820	8/31　一般競走	7 R 予選	⑥-①-③	92
22	81,980	8/16　タイトル	1 R 一般	⑥-④-①	108
23	81,560	8/12　タイトル	10 R 予選	③-⑤-⑥	92
24	79,520	4/23　一般競走	11 R 特選	⑤-③-①	81
25	75,900	1/ 7　タイトル	5 R 一般	④-⑤-③	99

●ボートレース戸　田　集計期間 2024 年 1 月 1 日〜9 月 30 日

順位	払戻金	開催日・競走種別	R番号・種別	結　果	人　気
1	229,370	6/23　一般競走	9 R 一選	⑥ - ② - ⑤	116
2	205,810	6/ 9　一般競走	7 R 予選	② - ④ - ⑥	90
3	201,430	7/23　ヴィーナス	10 R 一特	⑥ - ⑤ - ③	119
4	158,780	2/12　ヴィーナス	6 R 一般	④ - ⑥ - ①	95
5	122,400	6/15　一般競走	11 R 一選	⑥ - ⑤ - ④	110
6	118,140	2/20　一般競走	5 R 予選	① - ⑥ - ②	79
7	106,460	3/11　一般競走	11 R 選抜	⑥ - ① - ②	91
8	100,290	1/ 5　タイトル	5 R 予選	⑤ - ② - ⑥	100
9	99,290	6/21　一般競走	7 R 予選	⑥ - ⑤ - ④	112
10	88,770	6/17　一般競走	3 R 一般	⑥ - ④ - ⑤	116
11	82,710	4/21　特別タイトル	5 R 予選	② - ⑤ - ④	80
12	79,490	7/ 1　一般競走	1 R 一般	⑥ - ② - ⑤	113
13	78,290	4/ 2　一般競走	7 R 一般	⑥ - ③ - ②	120
14	77,900	4/ 8　一般競走	5 R 予選	⑥ - ③ - ①	95
15	75,740	5/ 5　タイトル	8 R 一般	⑥ - ③ - ②	90
16	73,850	1/ 9　タイトル	9 R 一般	④ - ⑤ - ⑥	86
17	70,430	4/ 8　一般競走	1 R 予選	⑤ - ③ - ④	100
18	65,810	7/25　ヴィーナス	8 R 一般	⑥ - ② - ⑤	116
19	60,070	3/18　総理大臣杯	4 R 予選	⑥ - ④ - ③	104
20	57,220	1/ 8　タイトル	1 R 一般	④ - ⑥ - ⑤	94
21	56,080	4/ 8　一般競走	9 R 一特	④ - ② - ③	79
22	54,430	4/11　一般競走	11 R 準優	⑤ - ② - ⑥	92
23	54,180	1/13　一般競走	7 R 予選	② - ④ - ⑤	82
24	53,720	4/11　一般競走	2 R 一般	④ - ⑥ - ⑤	83
25	50,130	7/20　ヴィーナス	9 R 一特	③ - ⑤ - ②	87

●ボートレース江戸川

集計期間 2024年1月1日～9月30日

順位	払戻金	開催日・競走種別	R番号・種別	結 果	人 気
1	209,680	2/16 一般競走	8R 予選	⑤-③-④	118
2	167,930	3/25 一般競走	7R 予選	⑥-③-②	115
3	156,700	9/26 一般競走	5R 一般	③-⑥-②	108
4	132,310	3/26 一般競走	11R 準優	②-⑥-③	101
5	99,030	7/31 特別タイトル	4R 予選	⑥-②-①	111
6	95,310	6/ 6 一般競走	1R 一般	⑤-⑥-①	112
7	86,960	2/23 一般競走	4R 一般	⑤-⑥-③	112
8	85,000	4/23 一般競走	12R 記選	⑤-②-①	78
9	83,980	1/ 2 タイトル	8R 予選	②-⑥-①	98
10	75,250	9/13 マスターズ	5R 予選	⑤-②-①	102
11	68,190	8/19 タイトル	2R 一般	③-⑥-②	88
12	61,020	5/21 一般競走	10R 特賞	⑤-③-⑥	72
13	60,870	4/10 一般競走	3R 一般	⑤-③-①	114
14	58,070	6/ 2 一般競走	7R 予選	⑤-③-④	99
15	56,950	4/20 一般競走	2R 予選	⑤-①-④	77
16	56,950	7/18 MB大賞	9R 予選	⑤-③-④	99
17	55,740	6/19 一般競走	3R 予選	①-⑤-④	76
18	53,540	8/ 1 特別タイトル	6R 予選	⑥-③-④	86
19	52,540	6/26 一般競走	8R 予選	⑥-②-④	101
20	52,280	1/20 MB大賞	7R 一般	②-④-①	98
21	52,150	2/23 一般競走	7R 一般	③-⑥-⑤	89
22	51,600	9/25 一般競走	11R 特選	⑤-③-①	90
23	51,030	1/29 一般競走	4R 予選	④-③-②	100
24	49,560	8/30 W優勝戦	2R 予選	④-③-⑤	71
25	49,270	6/ 6 一般競走	10R 一特	⑥-④-③	101

●ボートレース平和島

集計期間 2024 年 1 月 1 日〜9 月 30 日

順位	払戻金	開催日・競走種別	R 番号・種別	結 果	人 気
1	202,410	4/13 一般競走	1 R 予選	⑥ - ③ - ④	108
2	119,620	8/20 タイトル	2 R 予選	② - ⑥ - ⑤	104
3	107,480	7/ 5 特別タイトル	12 R 記選	② - ⑥ - ①	94
4	97,140	9/15 一般競走	9 R 特賞	⑥ - ① - ③	110
5	91,420	2/24 一般競走	2 R 予選	⑤ - ④ - ②	118
6	90,830	8/19 タイトル	10 R 特選	③ - ⑥ - ④	110
7	84,250	2/ 4 地区選手権	12 R ド戦	② - ④ - ⑤	89
8	81,930	3/25 ルーキー	5 R 予選	⑥ - ⑤ - ②	85
9	81,430	8/28 Aレディース	4 R 予選	④ - ⑥ - ①	87
10	81,430	9/ 9 一般競走	11 R 特選	③ - ⑥ - ④	119
11	80,730	7/16 一般競走	8 R 予選	⑤ - ⑥ - ①	93
12	76,510	2/ 5 地区選手権	5 R 予選	⑥ - ⑤ - ①	90
13	75,710	1/ 7 タイトル	10 R 準優	⑤ - ① - ④	84
14	73,460	4/ 7 一般競走	10 R 選抜	⑥ - ⑤ - ②	117
15	68,270	1/ 6 タイトル	1 R 予選	④ - ⑤ - ②	117
16	67,400	3/12 一般競走	5 R 予選	④ - ⑤ - ⑥	79
17	67,160	5/ 5 タイトル	4 R 予選	⑥ - ② - ③	96
18	63,810	9/17 一般競走	7 R 予選	⑤ - ③ - ④	119
19	61,710	1/22 一般競走	4 R 予選	① - ⑥ - ④	93
20	60,680	3/ 3 一般競走	10 R 特賞	⑥ - ④ - ③	90
21	60,290	1/ 5 タイトル	6 R 予選	④ - ⑤ - ⑥	103
22	60,160	2/17 一般競走	4 R 予選	⑥ - ⑤ - ②	102
23	58,040	8/18 タイトル	11 R 特選	④ - ③ - ⑤	82
24	57,620	7/19 一般競走	10 R 選抜	⑥ - ② - ①	94
25	57,410	6/22 一般競走	12 R 選抜	② - ⑥ - ③	97

●ボートレース多摩川

順位	払戻金	開催日・競走種別	R番号・種別	結 果	人 気
1	129,140	3/20 一般競走	8 R 予選	③ - ④ - ②	115
2	118,460	4/14 一般競走	9 R 特賞	⑥ - ④ - ⑤	116
3	116,550	7/26 一般競走	6 R 予選	⑥ - ⑤ - ①	78
4	109,730	2/25 W優勝戦	11 R 特選	⑥ - ④ - ⑤	99
5	108,060	3/24 一般競走	5 R 一般	⑥ - ③ - ④	88
6	107,250	1/ 6 タイトル	4 R 一般	② - ⑥ - ①	110
7	102,530	2/24 W優勝戦	9 R 特賞	⑤ - ⑥ - ③	94
8	91,390	1/30 一般競走	12 R ド戦	④ - ⑤ - ②	107
9	89,380	6/20 特別タイトル	9 R 予選	② - ④ - ⑥	87
10	86,620	5/ 5 一般競走	8 R 予選	⑤ - ③ - ②	89
11	86,230	9/14 一般競走	9 R 一般	③ - ⑥ - ④	73
12	85,180	1/26 ヴィーナス	11 R 選抜	③ - ⑤ - ②	69
13	80,380	6/22 特別タイトル	4 R 予選	⑤ - ① - ③	114
14	78,080	8/23 一般競走	7 R 予選	④ - ③ - ①	109
15	74,600	4/16 一般競走	12 R 記選	⑤ - ③ - ④	118
16	71,940	3/ 9 一般競走	4 R 一般	⑤ - ④ - ③	76
17	68,120	9/23 一般競走	3 R 一般	③ - ⑥ - ④	91
18	67,240	6/ 7 一般競走	12 R 記選	⑤ - ② - ③	83
19	66,140	5/ 7 一般競走	11 R 特選	② - ④ - ③	87
20	64,640	6/ 7 一般競走	10 R 特賞	⑥ - ④ - ①	92
21	63,930	4/23 一般競走	9 R 一般	③ - ⑥ - ④	92
22	63,120	9/11 一般競走	10 R 特賞	⑤ - ⑥ - ④	108
23	61,770	1/31 一般競走	5 R 予選	④ - ⑥ - ②	92
24	61,220	1/11 一般競走	11 R 特選	⑤ - ④ - ③	81
25	58,160	9/ 3 一般競走	12 R ド戦	③ - ⑥ - ①	99

●ボートレース浜名湖　集計期間 2024年1月1日～9月30日

順位	払戻金	開催日・競走種別	R番号・種別	結果	人気
1	197,460	1/27 周年記念	1R 予選	⑥-③-⑤	119
2	186,380	7/28 一般競走	8R 予選	③-⑥-⑤	119
3	172,650	3/17 ルーキー	11R 選抜	⑥-④-②	114
4	158,600	2/28 一般競走	5R 一般	③-⑥-④	108
5	148,700	1/25 周年記念	8R 予選	⑥-①-⑤	107
6	141,620	7/26 一般競走	9R 特賞	⑤-②-①	110
7	117,520	3/16 ルーキー	10R 準優	③-⑥-④	96
8	108,950	3/ 7 一般競走	9R 一選	⑤-③-②	118
9	106,540	8/10 タイトル	6R 予選	⑤-⑥-③	101
10	99,850	8/31 一般競走	8R 予選	②-⑤-⑥	104
11	98,420	8/21 Aレディース	1R 予選	④-①-⑥	98
12	93,340	6/21 一般競走	11R 選抜	⑥-④-②	96
13	92,250	2/19 一般競走	2R 一般	①-⑥-⑤	93
14	86,380	9/18 特別タイトル	8R 予選	②-⑤-③	92
15	85,130	4/25 タイトル	4R 予選	③-②-⑥	68
16	83,230	6/19 一般競走	4R 予選	⑤-②-⑥	77
17	81,320	1/16 一般競走	12R ド戦	⑤-③-⑥	114
18	80,960	6/19 一般競走	3R 予選	④-②-⑥	86
19	78,960	1/ 9 一般競走	5R 予選	③-④-⑤	69
20	77,330	5/ 3 一般競走	5R 予選	①-⑥-②	88
21	75,500	9/20 特別タイトル	12R 特選	⑤-②-③	104
22	72,780	4/28 タイトル	5R 予選	⑤-①-③	96
23	70,450	6/29 一般競走	5R 予選	⑥-⑤-④	116
24	63,720	5/16 一般競走	8R 予選	⑥-①-②	68
25	63,600	1/11 一般競走	3R 一般	④-②-①	96

●ボートレース蒲 郡

順位	払戻金	開催日・競走種別	R 番号・種別	結 果	人 気
1	140,200	5/ 5 タイトル	10 R 選抜	③ - ⑥ - ①	92
2	139,040	9/21 一般競走	8 R 一般	⑥ - ⑤ - ④	107
3	126,210	1/ 3 タイトル	11 R 準優	④ - ② - ③	80
4	124,580	9/ 3 ルーキー	7 R 予選	② - ④ - ⑥	94
5	123,380	5/ 3 タイトル	8 R 予選	⑤ - ② - ①	79
6	120,500	3/28 一般競走	4 R 予選	⑤ - ① - ⑥	96
7	115,690	1/ 1 タイトル	9 R 予選	⑤ - ② - ③	111
8	111,220	7/ 4 一般競走	9 R 特賞	⑥ - ⑤ - ④	107
9	99,490	4/18 一般競走	9 R 一選	⑥ - ① - ⑤	82
10	99,420	5/ 2 タイトル	11 R 特賞	③ - ⑥ - ④	84
11	98,070	4/17 一般競走	6 R 一般	⑥ - ① - ③	81
12	90,730	9/26 一般競走	9 R 特賞	④ - ⑤ - ②	100
13	87,710	3/13 一般競走	12 R 特選	③ - ⑤ - ②	72
14	84,310	1/26 一般競走	4 R 予選	⑤ - ③ - ②	72
15	79,880	6/24 一般競走	5 R 一般	② - ④ - ⑥	78
16	72,820	4/25 一般競走	2 R 予選	① - ⑥ - ⑤	84
17	69,570	3/ 3 ルーキー	1 R 予選	④ - ⑥ - ②	109
18	63,820	1/17 一般競走	10 R 準優	② - ③ - ⑤	50
19	63,330	7/19 一般競走	5 R 予選	② - ⑥ - ①	66
20	62,090	2/22 一般競走	3 R 一般	② - ⑤ - ⑥	89
21	61,780	4/14 一般競走	3 R 予選	④ - ⑥ - ⑤	77
22	61,780	7/17 一般競走	10 R 特賞	⑤ - ① - ⑥	79
23	61,700	2/22 一般競走	11 R 選抜	④ - ⑤ - ②	74
24	61,170	5/17 一般競走	3 R 予選	④ - ⑥ - ②	101
25	58,860	5/ 3 タイトル	9 R 予選	⑥ - ② - ③	82

●ボートレース常　滑

集計期間 2024 年 1 月 1 日〜9 月 30 日

順位	払戻金	開催日・競走種別	R 番号・種別	結　果	人　気
1	237,100	1/28　一般競走	2 R 一般	⑥-②-①	119
2	225,260	5/14　タイトル	6 R 一般	⑤-③-⑥	107
3	162,940	4/28　一般競走	11 R 特選	⑤-⑥-②	98
4	124,090	8/20　一般競走	5 R 一般	②-⑥-⑤	101
5	119,130	3/18　特別タイトル	9 R 予選	④-②-⑥	100
6	110,920	6/23　一般競走	2 R 予選	②-⑥-④	91
7	110,210	8/31　ヴィーナス	5 R 予選	⑤-①-④	89
8	109,380	4/20　タイトル	6 R 予選	⑥-④-①	68
9	106,970	7/ 8　一般競走	6 R 一般	⑥-④-③	95
10	92,410	3/17　特別タイトル	4 R 予選	②-⑥-⑤	85
11	90,860	9/18　タイトル	5 R 一般	②-③-⑥	79
12	89,770	1/27　一般競走	11 R 特選	⑥-②-⑤	101
13	87,290	5/ 8　タイトル	9 R 一般	④-⑤-③	101
14	85,160	1/14　タイトル	5 R 一般	⑤-④-②	95
15	83,980	4/27　一般競走	2 R 予選	⑤-⑥-①	88
16	81,690	1/22　一般競走	10 R 準優	⑥-①-②	98
17	72,760	5/26　一般競走	7 R 一般	②-⑤-①	70
18	66,120	6/29　一般競走	2 R 予選	⑤-⑥-④	73
19	65,790	1/23　一般競走	5 R 一般	③-⑤-④	92
20	63,400	6/ 3　一般競走	12 R 特選	②-③-①	71
21	62,080	5/24　一般競走	12 R ド戦	④-②-⑤	77
22	60,680	2/11　一般競走	12 R 準優	④-②-⑤	89
23	59,890	2/27　タイトル	1 R 予選	⑤-⑥-②	90
24	59,660	1/ 3　タイトル	6 R 一般	④-①-⑥	90
25	59,560	7/29　一般競走	4 R 一般	③-②-①	93

●ボートレース　津

集計期間 2024 年 1 月 1 日〜9 月 30 日

順位	払戻金	開催日・競走種別	R番号・種別	結　果	人　気
1	262,360	3/ 9　W優勝戦	1 R 予選	⑥-④-⑤	117
2	235,040	4/25　一般競走	1 R 一般	②-⑥-①	97
3	231,190	8/ 4　一般競走	12 R ド戦	⑥-②-⑤	117
4	190,630	5/13　一般競走	4 R 一般	⑥-④-①	111
5	187,210	1/20　Aレディース	11 R 選抜	⑥-③-②	118
6	177,400	1/ 1　タイトル	8 R 予選	②-⑥-④	117
7	177,240	6/10　一般競走	5 R 予選	④-⑥-①	77
8	170,320	2/ 3　一般競走	11 R 特選	⑥-④-⑤	105
9	157,820	8/25　一般競走	12 R 特選	⑥-②-④	115
10	154,610	5/20　特別タイトル	7 R 予選	⑥-⑤-①	116
11	148,090	6/11　一般競走	7 R 予選	⑥-①-④	101
12	144,940	4/22　一般競走	8 R 予選	④-⑥-③	87
13	139,760	7/21　一般競走	6 R 予選	③-⑤-②	106
14	138,060	7/20　一般競走	10 R 特賞	⑤-⑥-③	112
15	125,410	7/27　Aレディース	2 R 予選	⑥-②-③	105
16	121,300	8/24　一般競走	5 R 予選	②-⑥-⑤	91
17	105,000	9/11　周年記念	4 R 一般	⑥-④-⑤	117
18	100,150	5/18　特別タイトル	5 R 予選	⑥-①-③	79
19	91,450	8/27　一般競走	10 R 特賞	②-③-⑥	92
20	88,130	2/17　一般競走	12 R 準優	⑤-④-③	83
21	85,160	2/ 4　一般競走	5 R 予選	④-③-⑥	87
22	83,460	1/12　一般競走	10 R 選抜	⑤-②-③	85
23	81,430	5/12　一般競走	5 R 予選	⑥-①-③	50
24	79,390	8/ 8　一般競走	1 R 一般	④-③-⑤	82
25	78,820	7/19　一般競走	5 R 予選	⑥-③-⑤	102

●ボートレース三　国　　集計期間 2024 年 1 月 1 日〜9 月 30 日

順位	払戻金	開催日・競走種別	R 番号・種別	結　果	人　気
1	268,890	5/24 特別タイトル	3 R 予選	⑥ - ④ - ②	113
2	252,150	1/20 一般競走	1 R 一般	⑥ - ② - ④	116
3	155,440	5/16 一般競走	9 R 一選	⑤ - ④ - ①	103
4	132,690	4/ 1 一般競走	1 R 一般	④ - ③ - ⑥	95
5	124,300	7/ 9 一般競走	8 R 予選	⑤ - ③ - ④	104
6	117,350	5/ 7 タイトル	7 R 一般	⑥ - ④ - ③	116
7	113,820	2/29 一般競走	11 R 特選	③ - ⑤ - ④	95
8	111,780	7/11 一般競走	4 R 予選	④ - ② - ①	92
9	109,790	4/10 一般競走	2 R 一般	③ - ② - ⑥	103
10	104,090	5/24 特別タイトル	1 R 予選	⑥ - ① - ④	87
11	89,820	1/20 一般競走	12 R 準優	⑥ - ① - ③	68
12	89,450	4/ 1 一般競走	6 R 一般	③ - ⑤ - ①	67
13	88,180	5/15 一般競走	2 R 一般	④ - ② - ③	64
14	85,340	9/16 一般競走	4 R 一般	② - ⑤ - ③	105
15	76,270	5/ 1 タイトル	8 R 予選	⑥ - ⑤ - ①	107
16	75,700	4/13 ルーキー	12 R ド戦	⑥ - ① - ④	83
17	70,070	8/30 一般競走	6 R 一般	⑥ - ② - ①	99
18	68,510	2/12 一般競走	9 R 一般	⑥ - ③ - ⑤	97
19	67,430	5/ 7 タイトル	9 R 一般	⑤ - ③ - ⑥	105
20	66,870	5/ 3 タイトル	3 R 予選	④ - ② - ⑤	72
21	65,120	6/27 一般競走	3 R 予選	④ - ① - ⑤	71
22	64,380	5/12 一般競走	12 R 記選	④ - ⑥ - ②	77
23	62,820	8/16 タイトル	6 R 予選	⑥ - ④ - ①	98
24	61,380	1/27 一般競走	7 R 予選	④ - ③ - ①	89
25	60,090	9/ 7 ＭＢ大賞	5 R 一般	③ - ⑤ - ④	69

●ボートレースびわこ

順位	払戻金	開催日・競走種別	R番号・種別	結 果	人 気
1	281,680	8/ 3 一般競走	5 R 予選	⑤-⑥-④	101
2	191,000	8/ 4 一般競走	2 R 予選	⑤-③-②	117
3	168,800	6/25 一般競走	6 R 予選	⑥-④-②	120
4	141,390	8/22 一般競走	8 R 一般	⑥-⑤-④	100
5	136,130	6/29 一般競走	11 R 準優	⑥-①-③	102
6	117,140	3/23 一般競走	12 R ド戦	⑥-②-④	99
7	114,610	5/15 特別タイトル	11 R 特選	②-⑥-④	115
8	108,490	2/22 レディースAS	3 R 予選	⑥-⑤-②	113
9	107,300	7/ 9 一般競走	8 R 一般	③-④-⑥	91
10	103,720	5/30 一般競走	12 R ド戦	②-⑤-⑥	91
11	102,710	6/16 イースタンY	10 R 予選	⑥-⑤-②	107
12	102,300	5/ 2 ヴィーナス	12 R 特選	⑥-②-③	98
13	92,860	4/23 タイトル	12 R ド戦	⑤-③-②	89
14	87,390	7/18 一般競走	7 R 予選	①-④-⑥	73
15	84,130	2/22 レディースAS	7 R 予選	③-⑥-④	99
16	80,490	8/ 4 一般競走	11 R 特選	③-⑤-①	93
17	73,580	3/25 一般競走	10 R 特賞	⑤-④-②	76
18	69,110	7/26 一般競走	12 R 特選	②-⑥-④	101
19	68,500	7/24 一般競走	12 R ド戦	⑤-③-④	90
20	67,760	3/16 一般競走	4 R 予選	⑤-⑥-③	86
21	67,090	5/13 特別タイトル	2 R 予選	②-③-⑥	98
22	64,680	9/17 周年記念	3 R 一般	④-⑥-①	97
23	64,350	8/22 一般競走	5 R 一般	⑤-④-①	102
24	63,050	2/ 5 一般競走	5 R 予選	③-⑤-②	105
25	62,520	3/27 一般競走	9 R 一般	②-④-⑥	80

●ボートレース住之江

集計期間 2024 年 1 月 1 日〜9 月 30 日

順位	払戻金	開催日・競走種別	R番号・種別	結　果	人　気
1	413,750	5/20　W優勝戦	7 R 一般	⑥-③-⑤	120
2	392,370	4/ 5　一般競走	1 R 一般	⑥-③-①	118
3	215,020	8/24　一般競走	5 R 予選	⑤-⑥-④	103
4	152,080	5/ 2　タイトル	8 R 予選	④-②-③	98
5	149,650	7/11　特別タイトル	2 R 予選	⑥-①-③	98
6	142,450	7/12　特別タイトル	4 R 予選	⑤-④-③	89
7	134,180	6/ 5　周年記念	11 R 選抜	⑤-④-③	100
8	123,250	1/ 5　タイトル	6 R 予選	⑥-③-⑤	84
9	121,760	1/25　ルーキー	4 R 予選	⑥-④-①	105
10	117,640	4/23　ヴィーナス	1 R 一般	⑥-②-⑤	88
11	116,850	7/23　一般競走	8 R 一般	⑤-③-④	109
12	115,720	2/ 7　一般競走	3 R 一般	⑤-②-⑥	112
13	112,110	6/10　一般競走	10 R 特賞	③-④-②	94
14	110,580	7/ 3　一般競走	9 R 予選	④-②-③	101
15	103,770	3/29　周年記念	2 R 一般	⑥-⑤-①	108
16	98,910	4/15　一般競走	9 R 準優	②-⑥-③	102
17	83,440	1/27　ルーキー	2 R 予選	⑤-④-③	86
18	82,150	7/ 2　一般競走	4 R 予選	⑥-③-②	111
19	79,340	5/11　一般競走	4 R 予選	③-⑥-④	87
20	79,160	2/ 3　一般競走	5 R 予選	⑥-③-⑤	97
21	77,820	2/23　一般競走	6 R 特賞	⑤-④-①	117
22	77,130	4/16　一般競走	9 R 選抜	⑤-①-③	74
23	74,940	5/12　一般競走	10 R 準優	③-⑥-②	67
24	73,260	6/21　Aレディース	8 R 予選	④-⑤-③	76
25	71,590	1/ 6　タイトル	7 R 一般	③-④-②	95

●ボートレース尼 崎

順位	払戻金	開催日・競走種別	R番号・種別	結 果	人 気
1	637,530	8/10 タイトル	5R 予選	⑥-⑤-④	120
2	577,390	9/13 一般競走	8R 一般	⑥-⑤-②	116
3	294,460	7/ 8 一般競走	7R 予選	⑤-③-⑥	120
4	120,660	7/30 一般競走	1R 予選	⑥-①-③	112
5	114,610	8/14 タイトル	5R 一般	⑤-③-④	79
6	106,460	6/29 ＧＣ競走	12R 準優	⑤-④-③	96
7	104,820	8/26 一般競走	1R 予選	⑥-③-④	98
8	104,550	9/ 8 一般競走	10R 選抜	⑥-②-③	101
9	102,210	1/ 7 Ａレディース	2R 予選	⑥-②-④	76
10	101,530	8/26 一般競走	8R 予選	⑥-①-②	105
11	94,950	6/18 一般競走	2R 一般	③-⑥-⑤	98
12	94,670	9/29 Ｗ優勝戦	3R 予選	⑤-②-⑥	100
13	92,910	7/23 ルーキー	12R 特選	③-⑥-②	107
14	90,260	3/ 6 周年記念	12R 予選	②-⑥-③	95
15	90,220	3/16 一般競走	8R 一般	⑥-③-④	97
16	84,110	2/27 一般競走	10R 特賞	③-⑤-⑥	97
17	83,720	7/21 ルーキー	2R 予選	④-⑤-⑥	91
18	78,020	9/18 一般競走	9R 特賞	⑤-③-⑥	101
19	75,810	9/28 Ｗ優勝戦	12R 記選	②-⑤-⑥	79
20	74,490	1/24 特別タイトル	4R 予選	③-⑥-⑤	108
21	73,050	2/18 一般競走	12R 記選	③-⑥-⑤	94
22	67,000	2/11 地区選手権	9R 予選	⑤-②-①	91
23	60,430	1/ 4 Ａレディース	10R 特賞	⑤-③-②	94
24	56,100	2/22 一般競走	12R 優勝	⑤-①-⑥	76
25	54,830	8/17 一般競走	10R 特賞	⑤-①-⑥	90

●ボートレース鳴　門　　　　集計期間 2024 年 1 月 1 日〜9 月 30 日

順位	払戻金	開催日・競走種別	R 番号・種別	結　果	人　気
1	329,270	9/ 2　一般競走	1 R　一般	②-⑤-③	106
2	248,870	6/24　一般競走	10 R　準優	⑥-④-③	120
3	231,750	4/28　一般競走	1 R　予選	⑥-②-①	102
4	217,060	7/28　一般競走	11 R　選抜	⑥-⑤-③	112
5	186,840	4/ 9　一般競走	8 R　予選	⑤-⑥-④	109
6	169,070	2/ 6　一般競走	3 R　予選	③-⑤-⑥	103
7	142,350	5/31　一般競走	8 R　予選	⑥-②-④	104
8	123,280	2/11　一般競走	11 R　特選	⑥-③-⑤	109
9	114,900	8/20　一般競走	9 R　特賞	④-⑥-③	88
10	113,590	8/31　一般競走	7 R　予選	⑥-④-③	108
11	113,390	9/11　一般競走	1 R　予選	④-②-⑤	105
12	99,560	5/13　ヴィーナス	2 R　予選	⑤-②-③	115
13	98,510	8/29　一般競走	9 R　特賞	③-⑥-②	102
14	97,940	2/14　一般競走	2 R　一般	⑥-③-②	52
15	81,660	8/22　一般競走	10 R　準優	⑥-⑤-①	119
16	79,980	5/ 9　タイトル	3 R　一般	⑤-③-①	114
17	79,960	9/28　一般競走	5 R　一般	⑤-⑥-②	82
18	77,740	2/25　一般競走	5 R　予選	⑤-⑥-②	85
19	75,320	1/ 9　一般競走	3 R　予選	②-⑥-①	109
20	73,070	4/ 3　一般競走	2 R　予選	⑤-⑥-③	104
21	69,780	9/ 2　一般競走	5 R　一般	④-③-⑤	67
22	69,030	5/22　一般競走	11 R　特選	⑤-④-③	93
23	61,400	5/18　ヴィーナス	8 R　一般	⑥-④-③	102
24	61,290	5/17　ヴィーナス	5 R　一般	③-⑤-①	72
25	60,860	6/ 3　一般競走	11 R　選抜	⑤-③-⑥	88

●ボートレース丸　亀

順位	払戻金	開催日・競走種別	R番号・種別	結　果	人　気
1	294,860	5/30 一般競走	9 R 特賞	③-⑥-⑤	115
2	203,550	2/23 一般競走	6 R 予選	⑤-⑥-①	104
3	162,130	5/20 一般競走	8 R 予選	③-④-⑥	87
4	158,650	5/21 一般競走	9 R 特賞	②-⑥-⑤	93
5	157,100	7/10 一般競走	1 R 予選	⑥-⑤-④	102
6	104,980	8/18 タイトル	12 R 特選	②-⑤-⑥	93
7	103,900	2/21 一般競走	5 R 予選	④-⑥-③	95
8	102,880	5/22 一般競走	6 R 予選	⑥-①-②	90
9	99,630	3/24 Ａレディース	5 R 一般	⑤-②-③	58
10	95,890	7/ 9 一般競走	5 R 予選	⑤-②-④	103
11	95,020	6/15 一般競走	8 R 予選	②-⑤-③	69
12	92,490	8/ 4 ヴィーナス	9 R 特賞	③-④-⑥	98
13	86,110	2/16 地区選手権	4 R 一般	④-⑥-⑤	97
14	77,070	5/ 9 タイトル	1 R 一般	⑤-⑥-①	88
15	75,700	7/19 一般競走	12 R 特選	③-⑥-④	101
16	73,840	6/16 一般競走	11 R 準進	③-②-⑥	64
17	70,700	1/31 一般競走	4 R 予選	④-⑥-③	115
18	70,210	5/20 一般競走	1 R 予選	⑥-②-①	103
19	66,130	9/30 一般競走	4 R 一般	④-⑥-②	81
20	62,350	9/15 一般競走	11 R 一選	⑤-④-①	77
21	62,230	5/22 一般競走	7 R 予選	②-⑤-①	94
22	62,040	9/ 7 一般競走	11 R 一選	⑥-⑤-②	71
23	60,460	4/29 一般競走	1 R 予選	⑥-⑤-④	85
24	60,140	8/31 ＭＢ記念	9 R 準優	⑥-②-①	87
25	59,640	8/19 タイトル	11 R 一選	②-④-⑥	86

●ボートレース児　島

集計期間 2024 年 1 月 1 日〜9 月 30 日

順位	払戻金	開催日・競走種別	R番号・種別	結　果	人　気
1	197,780	2/14 一般競走	1 R 予選	②-⑥-④	100
2	189,510	2/21 ルーキー	5 R 予選	⑥-①-⑤	100
3	181,280	7/12 一般競走	12 R 記選	⑥-④-②	118
4	175,680	6/25 W優勝戦	4 R 予選	⑤-②-①	94
5	170,050	8/12 一般競走	2 R 一般	③-⑥-⑤	101
6	159,470	7/ 5 ＭＢ大賞	5 R 予選	⑥-③-①	113
7	128,930	8/ 8 一般競走	2 R 予選	⑥-②-⑤	104
8	126,910	4/17 一般競走	6 R 一般	⑥-③-①	95
9	121,080	8/12 一般競走	12 R 準優	②-④-⑤	84
10	113,390	6/10 一般競走	10 R 準優	⑥-④-③	111
11	109,310	1/29 一般競走	10 R 選抜	⑤-④-③	91
12	106,980	5/21 一般競走	11 R 特選	④-⑤-③	73
13	105,170	4/ 5 周年記念	4 R 予選	⑥-③-①	119
14	96,080	6/15 一般競走	9 R 特賞	②-④-⑥	105
15	85,690	1/25 一般競走	3 R 予選	⑥-③-⑤	105
16	81,370	7/26 一般競走	11 R 選抜	⑤-③-④	87
17	76,900	7/15 一般競走	12 R 準優	②-⑤-①	61
18	76,450	6/ 9 一般競走	6 R 予選	④-⑥-②	80
19	76,270	4/23 一般競走	2 R 予選	④-⑥-③	95
20	73,090	6/19 一般競走	9 R 一選	②-⑤-①	102
21	71,430	3/ 4 一般競走	3 R 予選	⑥-②-③	113
22	69,910	1/17 一般競走	1 R 予選	③-⑤-④	75
23	69,850	1/10 一般競走	9 R 特賞	⑤-⑥-②	105
24	68,200	4/ 4 周年記念	7 R 予選	⑥-②-⑤	105
25	66,960	1/27 一般競走	7 R 予選	②-⑤-①	101

●ボートレース宮　島

順位	払戻金	開催日・競走種別	R 番号・種別	結　果	人　気
1	184,800	2/28 ヴィーナス	10 R 特賞	⑥－①－④	102
2	174,340	1/12 一般競走	1 R 予選	②－⑤－⑥	113
3	174,010	3/29 一般競走	5 R 予選	⑥－④－⑤	117
4	145,840	9/ 8 一般競走	8 R 一般	⑤－③－①	120
5	142,140	3/14 ＭＢ大賞	10 R 選抜	⑥－②－③	119
6	139,740	1/14 一般競走	3 R 一般	⑥－⑤－②	108
7	112,980	3/ 2 ヴィーナス	4 R 一般	⑤－③－④	111
8	110,550	4/15 一般競走	3 R 一般	④－③－②	108
9	105,540	6/23 一般競走	10 R 特賞	⑥－⑤－①	82
10	103,640	2/23 一般競走	8 R 一般	⑤－⑥－③	114
11	103,420	3/21 一般競走	4 R 特賞	⑤－②－⑥	78
12	100,120	6/24 一般競走	6 R 一般	④－⑥－③	82
13	99,240	7/26 一般競走	12 R 特選	③－⑥－②	105
14	98,810	8/19 タイトル	11 R 準優	②－③－⑥	88
15	96,180	3/14 ＭＢ大賞	5 R 一般	⑥－④－②	115
16	94,740	3/13 ＭＢ大賞	3 R 一般	⑥－②－①	110
17	93,230	4/10 一般競走	9 R 予選	④－⑥－①	71
18	91,990	2/27 ヴィーナス	6 R 特賞	⑥－②－①	99
19	85,110	6/23 一般競走	5 R 特賞	⑤－⑥－②	77
20	82,800	9/20 一般競走	12 R ド戦	②－④－⑥	83
21	82,400	4/21 一般競走	8 R 一般	③－②－⑤	62
22	80,140	9/ 6 一般競走	4 R 特賞	⑤－⑥－①	85
23	79,130	8/27 特別タイトル	12 R ド戦	⑥－②－①	114
24	78,400	6/30 一般競走	12 R ド戦	⑥－④－⑤	98
25	75,730	8/ 3 一般競走	3 R 予選	④－③－⑥	87

●ボートレース徳　山

集計期間 2024 年 1 月 1 日〜9 月 30 日

順位	払戻金	開催日・競走種別	R 番号・種別	結 果	人 気
1	265,820	1/ 2 タイトル	10 R 選抜	⑥ - ⑤ - ①	106
2	187,680	7/24 特別タイトル	10 R 予選	④ - ⑥ - ②	108
3	185,160	7/ 2 一般競走	12 R 準優	③ - ⑥ - ④	79
4	162,530	9/19 一般競走	6 R 一般	⑤ - ③ - ②	97
5	152,580	7/16 一般競走	5 R 特賞	⑤ - ① - ⑥	94
6	150,700	8/16 ヴィーナス	12 R 特選	② - ⑤ - ④	105
7	138,950	2/ 7 一般競走	4 R 一般	⑥ - ① - ④	77
8	99,250	7/ 9 一般競走	9 R 特賞	② - ④ - ⑤	65
9	98,150	6/ 6 一般競走	4 R 一般	② - ④ - ⑥	83
10	92,140	1/ 8 一般競走	4 R 予選	⑤ - ③ - ①	59
11	89,500	9/19 一般競走	9 R 一般	⑤ - ④ - ①	89
12	87,010	9/10 一般競走	9 R 一般	② - ④ - ③	86
13	82,880	7/ 1 一般競走	10 R 予選	② - ④ - ⑥	86
14	73,960	6/28 一般競走	8 R 予選	③ - ① - ④	62
15	71,430	8/18 ヴィーナス	2 R 一般	③ - ⑤ - ⑥	76
16	71,160	6/23 一般競走	12 R 準優	④ - ② - ⑥	61
17	64,950	1/11 一般競走	6 R 一般	⑤ - ④ - ②	73
18	61,230	9/ 3 一般競走	6 R 一般	② - ⑥ - ①	89
19	59,840	7/25 特別タイトル	3 R 予選	② - ⑤ - ⑥	67
20	59,800	9/ 2 一般競走	9 R 特賞	⑤ - ② - ⑥	109
21	56,150	6/ 3 一般競走	4 R 予選	③ - ② - ④	51
22	53,300	8/15 ヴィーナス	10 R 特賞	④ - ③ - ②	67
23	52,040	9/17 一般競走	4 R 予選	⑥ - ⑤ - ①	69
24	51,710	9/29 周年記念	4 R 一般	⑤ - ① - ③	67
25	49,930	7/20 一般競走	2 R 一般	② - ④ - ⑤	56

●ボートレース下　関

順位	払戻金	開催日・競走種別	R番号・種別	結　果	人　気
1	154,260	1/16　一般競走	5 R　一般	⑥ - ① - ③	100
2	139,490	2/14　一般競走	5 R　一般	② - ⑤ - ④	92
3	125,320	1/31　一般競走	1 R　予選	⑤ - ② - ③	117
4	113,420	4/19　一般競走	2 R　予選	⑥ - ② - ①	106
5	111,980	4/ 6　一般競走	12 R　一選	② - ⑤ - ④	91
6	110,990	4/17　一般競走	1 R　予選	⑥ - ⑤ - ③	111
7	109,340	7/ 3　一般競走	8 R　予選	⑤ - ② - ⑥	100
8	108,320	7/27　一般競走	11 R　特選	③ - ④ - ⑤	110
9	104,050	1/29　一般競走	3 R　予選	④ - ② - ①	95
10	98,540	2/20　一般競走	11 R　一選	⑥ - ① - ⑤	76
11	92,240	8/23　一般競走	9 R　予選	⑥ - ⑤ - ④	99
12	84,300	9/ 6　一般競走	6 R　一般	③ - ⑥ - ①	79
13	79,150	1/16　一般競走	10 R　選抜	⑤ - ③ - ⑥	85
14	72,400	4/28　タイトル	2 R　一般	① - ⑥ - ④	88
15	71,770	5/15　マスターズ	12 R　特選	③ - ④ - ②	74
16	68,100	9/ 5　一般競走	11 R　準優	⑤ - ③ - ②	66
17	67,660	2/20　一般競走	1 R　予選	⑥ - ① - ②	99
18	66,510	1/23　周年記念	4 R　一般	⑤ - ④ - ②	98
19	63,550	1/ 5　一般競走	7 R　特賞	② - ④ - ⑤	68
20	62,990	7/ 4　一般競走	11 R　特選	④ - ③ - ①	81
21	62,770	4/ 7　一般競走	1 R　一般	② - ④ - ⑥	82
22	61,160	5/17　マスターズ	4 R　予選	⑤ - ① - ④	89
23	60,290	1/ 6　一般競走	6 R　予選	① - ⑥ - ⑤	67
24	60,240	9/21　一般競走	7 R　特賞	② - ⑥ - ③	96
25	59,350	2/ 3　一般競走	9 R　準優	③ - ② - ⑥	75

●ボートレース若　松

集計期間 2024 年 1 月 1 日〜9 月 30 日

順位	払戻金	開催日・競走種別	R 番号・種別	結 果	人 気
1	292,830	4/ 1　一般競走	2 R 予選	⑥ - ③ - ④	120
2	218,100	4/10　一般競走	8 R 予選	⑥ - ④ - ②	102
3	187,020	6/ 5　一般競走	4 R 予選	② - ⑥ - ④	114
4	161,630	3/21　一般競走	5 R 予選	④ - ⑥ - ③	84
5	135,860	4/ 6　一般競走	8 R 一般	② - ⑤ - ⑥	100
6	128,520	2/27　一般競走	12 R 優勝	③ - ⑥ - ②	93
7	124,070	1/31　一般競走	4 R 予選	⑥ - ⑤ - ④	118
8	120,520	5/21　Ａレディース	8 R 予選	⑤ - ① - ②	64
9	120,240	6/15　一般競走	6 R 予選	⑤ - ④ - ①	107
10	120,130	6/ 6　一般競走	3 R 一般	⑥ - ① - ③	113
11	119,310	4/21　W優勝戦	6 R 一般	③ - ② - ⑥	91
12	117,930	4/ 3　一般競走	10 R 特賞	⑥ - ② - ④	108
13	117,740	7/15　ルーキー	9 R 準優	② - ⑥ - ④	88
14	115,900	8/ 7　一般競走	11 R 特選	⑥ - ① - ③	111
15	111,060	9/ 3　一般競走	9 R 予選	⑤ - ④ - ②	118
16	110,520	7/ 9　一般競走	10 R 選抜	⑤ - ② - ③	116
17	105,430	4/30　タイトル	1 R 一般	⑤ - ⑥ - ④	100
18	104,660	4/21　W優勝戦	3 R 一般	② - ③ - ④	74
19	103,050	3/ 7　一般競走	4 R 一般	⑤ - ④ - ⑥	97
20	99,110	9/ 2　一般競走	7 R 特賞	⑥ - ② - ③	106
21	98,480	8/ 6　一般競走	7 R 特賞	④ - ⑥ - ③	102
22	86,120	6/15　一般競走	8 R 予選	③ - ⑥ - ②	62
23	85,420	8/20　タイトル	8 R 一般	④ - ⑥ - ②	73
24	77,030	3/ 1　一般競走	12 R ド戦	② - ⑤ - ③	75
25	72,440	4/ 1　一般競走	8 R 予選	⑤ - ④ - ①	64

●ボートレース芦　屋

集計期間 2024 年 1 月 1 日〜9 月 30 日

順位	払戻金	開催日・競走種別	R 番号・種別	結　果	人　気
1	322,430	8/14 タイトル	2 R 一般	⑥－④－①	88
2	245,810	8/ 1 周年記念	2 R 予選	⑥－⑤－④	119
3	185,880	9/ 9 一般競走	11 R 準優	⑥－①－⑤	112
4	174,310	2/ 6 地区選手権	8 R 予選	⑥－④－②	103
5	162,350	5/11 一般競走	1 R 一般	⑤－④－③	100
6	146,560	4/30 タイトル	11 R 特選	⑥－①－③	102
7	135,390	6/ 6 マスターズ	1 R 予選	④－③－⑥	95
8	134,250	8/28 一般競走	11 R 準優	⑤－⑥－②	100
9	128,740	9/19 ヴィーナス	6 R 予選	④－①－⑤	104
10	125,380	4/ 3 一般競走	3 R 一般	⑤－④－⑥	119
11	121,280	4/23 一般競走	9 R 一般	⑤－⑥－②	103
12	118,070	7/25 一般競走	5 R 予選	③－④－①	103
13	111,290	7/ 7 一般競走	5 R 一般	⑥－⑤－④	102
14	104,570	2/15 一般競走	7 R 予選	⑤－⑥－②	96
15	99,990	6/23 一般競走	10 R 特賞	⑥－④－①	101
16	95,150	9/22 ヴィーナス	12 R 準優	⑤－⑥－④	99
17	91,970	5/30 一般競走	11 R 準優	④－③－⑥	74
18	87,770	6/ 8 マスターズ	7 R 一般	⑤－②－④	105
19	84,670	3/30 一般競走	12 R ド戦	②－⑥－④	109
20	82,740	4/14 一般競走	6 R 予選	⑤－③－②	120
21	77,170	4/24 一般競走	6 R 一般	⑤－①－⑥	87
22	76,510	1/14 特別タイトル	5 R 一般	④－③－⑤	85
23	73,210	7/14 一般競走	6 R 予選	③－⑤－⑥	92
24	71,970	9/20 ヴィーナス	3 R 予選	④－⑤－③	84
25	71,380	9/27 一般競走	9 R 特賞	⑤－②－③	90

●ボートレース福　岡

集計期間 2024 年 1 月 1 日〜9 月 30 日

順位	払戻金	開催日・競走種別	R 番号・種別	結　果	人　気
1	183,740	9/ 1　一般競走	1 R 予選	⑤ - ② - ⑥	111
2	161,090	9/15　一般競走	1 R 予選	② - ⑤ - ③	96
3	149,730	4/25　タイトル	9 R 予選	⑥ - ⑤ - ①	100
4	118,560	6/25　一般競走	9 R 一般	④ - ② - ⑤	75
5	109,810	6/ 5　A レディース	8 R 一般	② - ③ - ⑥	85
6	103,990	2/25　一般競走	3 R 一般	⑥ - ④ - ②	82
7	98,450	4/ 7　一般競走	7 R 予選	⑥ - ⑤ - ①	93
8	94,480	1/ 6　タイトル	3 R 予選	④ - ⑤ - ①	79
9	91,380	9/27　一般競走	11 R 特選	④ - ⑥ - ①	87
10	84,370	4/29　タイトル	2 R 一般	⑤ - ④ - ③	72
11	81,350	4/16　ヴィーナス	5 R 予選	② - ⑥ - ①	62
12	80,450	5/28　一般競走	9 R 特選	⑤ - ⑥ - ②	105
13	80,440	5/ 7　一般競走	6 R 予選	③ - ⑤ - ④	106
14	74,130	7/13　一般競走	6 R 予選	④ - ③ - ⑤	58
15	73,130	7/27　一般競走	11 R 特選	③ - ② - ⑤	84
16	69,370	2/21　一般競走	10 R 特賞	⑤ - ① - ⑥	72
17	68,930	8/28　一般競走	11 R 特選	④ - ⑤ - ②	109
18	68,130	1/16　一般競走	5 R 予選	③ - ① - ⑥	81
19	65,400	6/ 3　A レディース	8 R 予選	② - ③ - ⑥	62
20	61,370	4/26　タイトル	2 R 予選	③ - ⑤ - ①	85
21	55,150	5/ 5　一般競走	1 R 予選	⑥ - ① - ②	43
22	54,860	4/26　タイトル	3 R 予選	⑤ - ③ - ②	64
23	54,340	8/ 8　女子王座	11 R 予選	⑥ - ⑤ - ②	97
24	54,160	1/ 4　タイトル	11 R 選抜	④ - ③ - ②	71
25	51,420	1/ 3　タイトル	6 R 予選	⑤ - ④ - ①	91

●ボートレース唐　津

集計期間 2024 年 1 月 1 日～9 月 30 日

順位	払戻金	開催日・競走種別	R 番号・種別	結　果	人　気
1	263,540	5/27　一般競走	5 R　一般	⑥ - ⑤ - ①	120
2	208,620	9/23　一般競走	10 R　特賞	⑥ - ④ - ①	110
3	173,790	1/ 3　タイトル	1 R　予選	④ - ⑥ - ③	95
4	145,800	5/ 4　タイトル	11 R　特選	⑥ - ① - ②	80
5	142,400	2/14　ヴィーナス	12 R　ド戦	② - ⑥ - ⑤	114
6	127,600	8/ 1　一般競走	12 R　特選	⑤ - ③ - ①	102
7	127,300	1/ 3　タイトル	2 R　予選	④ - ⑥ - ①	101
8	122,470	7/23　一般競走	2 R　一般	⑤ - ⑥ - ④	87
9	112,490	8/14　タイトル	5 R　一般	④ - ① - ⑤	110
10	98,240	4/ 4　一般競走	1 R　予選	⑤ - ② - ⑥	91
11	87,100	2/ 8　一般競走	6 R　予選	⑥ - ② - ③	77
12	81,460	4/ 5　一般競走	5 R　特賞	⑥ - ② - ⑤	95
13	81,340	1/15　一般競走	8 R　予選	⑤ - ⑥ - ③	90
14	80,960	9/13　一般競走	4 R　予選	④ - ③ - ①	82
15	80,570	8/ 1　一般競走	1 R　予選	④ - ⑤ - ①	107
16	80,050	3/20　一般競走	3 R　一般	④ - ⑤ - ①	85
17	78,220	3/ 3　一般競走	1 R　一般	⑥ - ⑤ - ①	91
18	72,500	2/ 2　一般競走	1 R　予選	⑤ - ② - ④	98
19	68,780	7/20　一般競走	3 R　予選	② - ④ - ⑥	76
20	68,300	4/17　一般競走	9 R　予選	④ - ⑥ - ①	102
21	66,380	2/10　一般競走	4 R　一般	② - ⑥ - ④	86
22	64,610	4/25　Ａレディース	2 R　予選	① - ⑥ - ③	49
23	63,650	7/22　一般競走	2 R　予選	⑤ - ② - ①	72
24	63,390	1/23　一般競走	10 R　特賞	⑤ - ① - ④	81
25	62,030	6/17　ウエスタンＹ	1 R　予選	④ - ③ - ②	78

●ボートレース大　村　　集計期間 2024 年 1 月 1 日〜9 月 30 日

順位	払戻金	開催日・競走種別	R 番号・種別	結　果	人　気
1	294,430	2/29 タイトル	5 R 予選	⑥-①-⑤	116
2	261,120	8/22 一般競走	4 R 予選	⑥-③-①	114
3	233,990	5/17 一般競走	7 R 予選	⑥-②-③	117
4	196,060	4/22 一般競走	3 R 予選	⑤-⑥-①	113
5	175,390	3/28 タイトル	9 R 特賞	⑥-④-③	105
6	164,650	2/14 タイトル	12 R ド戦	②-⑥-③	106
7	139,820	8/21 一般競走	12 R 特選	④-③-②	109
8	134,200	7/13 一般競走	10 R 特選	⑥-③-②	104
9	133,600	7/ 4 一般競走	2 R 予選	⑥-④-②	102
10	123,830	5/ 7 タイトル	2 R 予選	④-⑥-③	119
11	117,660	9/25 一般競走	1 R 一般	⑤-②-④	104
12	95,480	9/18 一般競走	5 R 一般	②-⑤-④	77
13	90,810	3/18 タイトル	8 R 予選	②-⑥-④	87
14	87,980	9/ 7 Ａレディース	10 R 特賞	⑥-③-④	80
15	87,540	3/28 タイトル	12 R 特選	②-⑥-⑤	107
16	85,720	2/ 2 タイトル	8 R 予選	②-⑥-③	106
17	75,980	3/31 タイトル	6 R 一般	⑤-④-①	76
18	75,940	2/ 5 タイトル	6 R 一般	②-③-④	63
19	75,390	7/ 8 一般競走	11 R 特選	②-③-⑥	90
20	74,550	4/ 7 周年記念	5 R 予選	③-⑥-⑤	86
21	73,560	3/27 タイトル	6 R 予選	④-②-⑤	86
22	72,730	7/ 1 特別タイトル	11 R 特選	④-②-③	62
23	71,640	3/31 タイトル	11 R 準優	③-⑥-②	88
24	70,690	1/ 3 タイトル	10 R 予選	④-②-③	88
25	70,130	7/11 一般競走	12 R 一特	⑥-②-④	88

教えて!BOAT

https://oshiete-boat.com/

　進化系舟券アプリの特徴は数字です。ある程度、数字に強くないと進化系舟券のアプリは使いこなせません。数字といっても、登録番号やモーター番号のように区別するだけのものもあれば、勝率や2連率のような大きな方が良いものもあります。反対に着順やスタートタイミングは小さな数字の方が舟券の貢献度が上がります。どこをどう見れば良いのか、重荷に感じる人も少なくありません。「数字の解説があれば助かるのに」と思っている人も多いはずです。

　勝率6.50の選手がいても、一般戦ばかり走って6.50をマークした選手と、SGやGⅠで走ってきた選手は、地力が違います。一般戦の優勝戦などで顔を合わせたときにどちらが勝ちに出るかです。同じモーターを使っても、モーター整備やプロペラ調整に掛ける時間が違います。

　そうした悩みを少しでも解決しようと、マンスリーBOAT RACEとひまひまテータさんが共同に開発したのが「教えて!BOAT」です。選手に関するデータのみですが、必ず選手に対するコメントが載っています。マンスリーBOAT RACEのホームページを開くとすぐに「教えて!BOAT」にたどり着けます。Googleの検索でも簡単に出てくるので、「お気に入り」に入れておけば、いつでも使うことができます。

　たとえば、ダービーで優勝した峰竜太について、選手名か登録番号を入力すると、下記のようなデータとコメントが画面に出てきます。

「鋭く間隙突き当地甲子園制覇」
「GⅠ復帰後も変わらぬ強さだ」
「悲願の地元GⅠ制覇を目指す」
「包囲網を敷かれても関係なし」
「4月津周年では優出4枠でV」

　といった選手コメントを読めば、復帰後も変わらず最強選手であることがわかります。これが11度目の勝率1位に輝き、ＳＧ復帰第1戦となったダービーの優勝も当然のことだと納得できます。それを裏づけるデータがコース別成績です。一般・ＧⅢとＳＧ・ＧⅠ・ＧⅡを分けており、ＳＧ、ＧⅠ・Ⅱになると、最強選手といっても2、3コースは2着受けが正解だということがわかります。

ボートレース高配当の狙い方

2024年12月31日　第1刷発行

● 著者　　　　　　　　桧村　賢一
● 本書の内容に関する問合せ info@o-amuzio.co.jp
● カバーデザイン　　　androworks
● 発行者　　　　　　　福島　智
● 発行元　　　　　　　株式会社オーイズミ・アミュージオ
　　　　　　　　　　　〒 110-0015　東京都台東区東上野 1-8-6　妙高酒造ビル 5F
● 発売元　　　　　　　株式会社主婦の友社
　　　　　　　　　　　〒 141-0021　東京都品川区上大崎 3-1-1　目黒セントラルスクエア
　　　　　　　　　　　電話：049-259-1236（販売）
● 印刷・製本所　　　　株式会社 Sun Fuerza

本のご注文は、お近くの書店または主婦の友社コールセンター（電話 0120-916-892）まで。
お問い合わせ受付時間　月〜金（祝日を除く）10：00 〜 16：00